Schlank durch Trennkost

SCHLANK DURCH TRENNKOST

Neue Rezepte von Ursula Summm

FALKEN
TaschenBuch

Im FALKEN Verlag sind zahlreiche Titel zum Thema Trennkost erschienen.
Bitte fragen Sie in Ihrer Buchhandlung.

Dieses Buch wurde auf chlorfrei gebleichtem
und säurefreiem Papier gedruckt.

Bei diesem Buch handelt es sich um eine überarbeitete Teilausgabe des bereits unter dem Titel „Schlank werden nach Dr. Hay. Trennkost. Die bewährten Rezepte von Ursula Summ" erschienenen Buches.

Originalausgabe
ISBN 3-635-60302-3

Umschlaggestaltung: Rincon[2] Design & Produktion, Köln
Layout: Kommunikationsdesign dingendorf · posselt, Wiesbaden
Redaktion dieser Ausgabe: Christiane Rückel/Susanne Janschitz
Herstellung: Bettina Christ
Titelbild: Tony Stone, München/James Darrel
Zeichnungen: Ute Dreyspring, Oberjosbach
Satz: Raasch & Partner GmbH, Neu-Isenburg
Druck: Media-Print Informationstechnologie, Paderborn

817 2635 4453 62

Inhalt

Vorwort

Gehören auch Sie immer noch zu den Menschen, die fortwährend eine Diät nach der anderen ausprobieren und trotzdem ihr schlankes Ziel nie erreichen?
Auch ich litt bis 1980 unter meiner molligen Figur und fand nirgends einen Menschen, der mir aus dieser verzweifelten Situation heraushalf. Ich habe am eigenen Leibe alle Qualen des Dickseins durchlitten und sämtliche angebotenen Diätarten ausprobiert. Immer mit dem gleichen Erfolg. Nach einer Gewichtsabnahme zeigte meine Waage kurze Zeit später mehr Pfunde an als zuvor.
Heute weiß ich, daß Diäten, Kurzkuren oder einseitige Ernährungsformen auf Dauer nicht durchführbar sind, sondern sogar sehr schädlich sein können. Sie sind von Anfang an zum Scheitern verurteilt, da man nicht sein ganzes Leben lang nur Eier, Ananas oder Fleisch zu sich nehmen kann.
Schlimmer noch, durch den Essensentzug und die Selbstkasteiung arbeitet die körpereigene Verbrennung auf Sparflamme und ist nach einer Diät nicht mehr fähig, die volle Kalorienzahl zu verbrennen. Es kommt unweigerlich anschließend bei kalorienreicher Normalkost wieder zu einer Gewichtszunahme. Und meistens nahm man mehr zu, als man vorher abgenommen hatte.
Was mich jedoch immer stark beeindruckte, waren die momentanen Erfolge diverser Diäten. Nahm ich nur Würstchen zu mir, konnte man sehen, wie die Pfunde purzelten; das gleiche mit Kartoffeln oder Eiern. Selbst wenn ich drei Tage nur Schokolade verzehrte, verlor ich an Gewicht. Wo liegt hier das Geheimnis? Wie kann man mit einer einseitigen Ernährung und verhältnismäßig hoher Kalorienzahl abnehmen?
Von diesem Zeitpunkt an arbeitete ich wie besessen viele Fachbücher und Werke anerkannter Ernährungsforscher, Ärzte und Wissenschaftler durch. Irgendwo mußte es eine Erklärung für dieses seltsame Verhalten des Körpers geben.
Durch Zufall entdeckte ich die Lehre der Hayschen Trennkost. Was ich hier fand, ließ mich vieles verstehen. Ich begann die Reaktionen meines Körpers zu studieren und wurde zum eigenen Versuchskaninchen.
Ich lernte den Ablauf der Verdauung kennen, und mir wurde bewußt, daß die richtige Zusammensetzung einer Mahlzeit die Hauptrolle bei einer Gewichtsreduzierung spielt. Mir wurde klar, daß nicht das Essen

mein Gegner war, sondern der Hunger. Wer kann schon ewig hungern? Essen ist eine Lebensfreude, verzichten wir darauf, beginnt unsere Seele zu weinen. Was anschließend passiert, weiß jeder aus eigener Erfahrung zu berichten. Frustrierende Gefühle schleichen sich ein. Anfangs wirft man nur neidvolle Blicke auf all diejenigen, die essen können, ohne je Gewichtsprobleme gehabt zu haben, später reagiert man aggressiv und ist dem Heulen näher als dem Lachen.

Meine Tests an mir selbst wurden immer intensiver. Ich erinnerte mich an Erzählungen meiner Mutter, die früher acht Kartoffelklöße aß, ohne zuzunehmen. Sollte wirklich der wahre Grund des Übergewichtes vielleicht ganz einfach an falsch kombinierten Speisen liegen? Hatte ich mit dieser Vermutung wirklich das Geheimnis des Abnehmens entdeckt? Offenbar war ich einer wunderbaren Sache auf der Spur.

In dieser Zeit der Entdeckungen leisteten mir Dr. Ludwig Walb und seine Frau Ilse Walb in persönlichen Gesprächen und mit ihrem Erfolgsbuch über die Haysche Trennkost sehr große Hilfe.

Was sagt das Konzept der Hayschen Trennkost?

Die Haysche Trennkost ist benannt nach dem amerikanischen Arzt Dr. Howard Hay. Er trennte die Nahrungsmittel in eiweißreiche und kohlenhydratreiche und teilte den menschlichen Körper in chemische Elemente auf. Durch die Trennung und das richtige Verhältnis von säurebildenden und basenbildenden Nahrungsmitteln in der Kost ist es ihm gelungen, sich selbst von einem schweren Nierenleiden zu heilen.
Säurebildner sind alle Eiweiße und Kohlenhydrate (siehe Trennungsplan Seite 17 ff.). Essen wir zuviel davon, kommt es zu einer Übersäuerung des Körpers. Dieser wird mit den anfallenden Schlackenstoffen nicht mehr fertig und wehrt sich anfangs mit einer bleiernen Müdigkeit. Durch eine ungünstig zusammengestellte Ernährung können bei bestehender Disposition bekannte Zivilisationskrankheiten entstehen.
Basenbildende Nahrungsmittel, wie Gemüse, Salate, Rohkost und Obst, sind nach Meinung von Dr. Hay fähig, die Säuren in unserem Körper zu neutralisieren und über Nieren und Darm abzuführen. Ihr Anteil auf dem Speisezettel sollte viermal so hoch sein wie der an kohlenhydrat- und eiweißkonzentrierten Nahrungsmitteln.

Nach diesen Erkenntnissen trennte ich bei allen Speisen die Eiweiße von den Kohlenhydraten, und das Wunder geschah. Mein Erstaunen war riesig, noch glaubte ich nicht an den Erfolg. Täglich wartete ich auf einen Rückschlag. Doch dieses einfache System der Trennung von Eiweißen und Kohlenhydraten half mir, 30 Pfund innerhalb eines Jahres abzuspecken, ohne zu hungern oder zu fasten.
Im Freundeskreis blieb das nicht lange verborgen, jeder wollte nach dieser Methode abnehmen. Schließlich entschloß ich mich, mein Leben der Aufgabe zu widmen, übergewichtigen Menschen zur schlanken Figur und damit zu einem attraktiveren Aussehen und mehr Gesundheit zu verhelfen und gründete meine ersten Gruppen zur gemeinsamen Gewichtsreduzierung.

Essen ist hier eine Pflicht

Als erstes streichen Sie das Wort Hunger aus Ihrem Sprachschatz, denn mit diesem Buch werden Sie die Zeiten vergessen, in denen Sie Ihren Körper durch Selbstzüchtigung und Entbehrung regelrecht verhungern und ausdörren ließen. Sie müs-

sen essen und trinken, sonst wird die körpereigene Verbrennung zu stark reduziert. Auch das morgendliche Frühstück ist von größter Wichtigkeit. Das Kalorieneinsparen vormittags hilft bei einer Gewichtsabnahme überhaupt nicht, sondern bewirkt, daß unser Organismus einfach weiterschläft.
Jeder Motor braucht eine richtige Zusammensetzung seiner Betriebsstoffe. Jedes Tier in der Natur ernährt sich nach seinen Richtlinien, nur der Mensch glaubt von sich selbst, Völlerei und anschließend strenges Fasten verkraften zu können. Es gäbe schon längst nicht mehr so viele Mollige, würden wir die chemischen Gesetze unseres Körpers beachten.

Stoffwechselvorgänge unseres Körpers

Unser Körper ist mit einer kleinen chemischen Fabrik vergleichbar. Die Nahrungsmittel, die wir zu uns nehmen, werden durch chemische Prozesse mit Hilfe von Verdauungssäften verdaut und ihre Bausteine werden aufgenommen. Beachtet man diese körpereigenen Gesetze nicht, so kommt es unweigerlich zu Störungen in unserem Verdauungssystem.
Um eiweißreiche Lebensmittel wie Fleisch, Fisch, Käse oder Eier zu verarbeiten, benötigt der Körper unbedingt das Verdauungsenzym des Magens, das Pepsin. Dieses wird in Verbindung mit Salzsäure im Magen aktiviert. Die Salzsäure und das Pepsin beginnen mit der Zerlegung der Eiweiße in kleine Bausteine, die sogenannten Peptide. Der nun pastenartige Speisebrei aus Magensäure und kräftig durchgemischter Nahrung verläßt den Magen nicht sofort, sondern wird dort zunächst gespeichert und dann in kleinen Portionen an den Dünndarm abgegeben.
Dagegen ist die Verarbeitung der Kohlenhydrate aus Lebensmitteln wie Getreide, Kartoffeln, Nudeln, Reis oder Brot abhängig vom schwächeren Ferment Amylase, das schon während des Kauens im Speichel abgesondert wird.
Im Magen selbst werden keine Enzyme für die Kohlenhydratverdauung hergestellt. Doch die Wirkung der Amylase bleibt so lange erhalten, bis der Mageninhalt mit Salzsäure vermischt wird.
Ißt man nun eiweiß- und kohlenhydrathaltige Speisen zusammen, so behindert man, nach dem Konzept

von Dr. Hay, die Wirksamkeit der Amylase. Dadurch gelangen die kohlenhydrathaltigen Nahrungsmittel unverdaut in den Dünndarm.
Der Dünndarm ist mit insgesamt etwa fünf Metern der längste Abschnitt des Verdauungstraktes.
Er hat die Hauptverdauungsarbeit zu leisten, dabei behilflich sind ihm die Leber, die Galle und die Bauchspeicheldrüse. Die Bauchspeicheldrüse hat mehrere Funktionen zu erfüllen. Einmal produziert sie Insulin, zum anderen Glukagon, die beide als Hormone ins Blut abgegeben werden. Insulin wirkt blutzuckersenkend, Glukagon wirkt blutzuckersteigernd.
Doch damit hat die Bauchspeicheldrüse ihre Aufgabe noch lange nicht erfüllt, denn die Drüsenläppchen stellen auch die Verdauungsenzyme Trypsin und Chymotrypsin (eiweißspaltende Enzyme), Amylase (kohlenhydratspaltendes Enzym) und Lipase (fettverdauendes Enzym) her, die in den Darm abgegeben werden.
Die Kohlenhydrate werden zu einfachen Zuckern, die Eiweiße zu Aminosäuren und die Fette zu Fettsäuren und Glycerin abgebaut.
Ohne Enzyme oder ihre Wirkung kann selbstverständlich keine Verdauung stattfinden.
Stellt man nun seine Nahrung ungünstig zusammen, so wird die Bauchspeicheldrüse überfordert.
Es kommt zu einer verzögerten und möglicherweise unvollständigen Verdauung, und es kann anschließend durch die Wärme und Feuchtigkeit im Darm zu einer Gärungs- und Fäulnisbildung durch die Darmflora kommen.
Für die Aufnahme der Fette, Zucker, Aminosäuren und anderer Nährstoffe wie Vitamine und Mineralstoffe besitzt die Oberfläche der Dünndarmschleimhaut etwa 10 Millionen fadenförmige Darmzotten.
Die Spitzen dieser Zotten sind direkt vom Nahrungsbrei umgeben, und durch verschiedene Transportmechanismen werden die Nährstoffe in den Organismus aufgenommen. In Verbindung mit diesen Vorgängen entstand das verbreitete Vorurteil, daß Beilagen Dickmacher seien, aber Steaks mit Salat bei vielen Schlankheitsdiätarten als wertvoll angepriesen werden. Dabei sind Getreide, Kartoffeln, Reis, Nudeln oder Brot ein wichtiger Bestandteil unserer gesunden Ernährung. Außerdem ist allen, die schon des öfteren eine Diät machten, die Kartoffel- oder 7-Tage-Körnerkur zur Gewichtsabnahme bestens bekannt. Damit man aber nicht wieder in die Tret-

mühle der Einseitigkeit gerät, ist die Trennkost, bedingt durch ihre Vielfalt und Abwechslung, die ideale Ernährungsform.
Von Gegnern der Trennkost wurde des öfteren argumentiert, daß eine Trennung von Eiweiß und Kohlenhydraten nicht möglich sei. Dies ist richtig, denn es gibt keine hundertprozentige Trennung, da zahlreiche Lebensmittel von Natur aus beide Nährstoffe enthalten. In der Trennkost wird daher lediglich eine Trennung der Externe angestrebt. Leider sehen auch heute noch viele die Trennung als schwer durchführbar an, teilweise sogar als gesundheitsschädigend. Dabei konnte man schon bei den Steinzeitmenschen Parallelen zur Trennkost beobachten. Vormittags gingen sie zur Jagd und verzehrten anschließend ihr Erlegtes. Nachmittags sammelten sie Wurzeln, Knollen und Kräuter. Selbst wenn man nicht bis in die Steinzeit zurückforschen möchte, hat eine ganze Nation während des letzten Krieges und der Nachkriegsjahre unbewußt die Trennkost praktiziert. Es gab hauptsächlich Getreide, Kartoffeln, Kraut, Rüben und Kohl. Die vielen Wohlstandskrankheiten, wie wir sie heute kennen, oder die großen Probleme mit dem Übergewicht waren damals eine Seltenheit.

Die vollwertige Trennkost

Ich bin keine Ernährungswissenschaftlerin. Meine Erkenntnisse beruhen auf der jahrelangen Erfahrung, die ich in meinen für Übergewichtige organisierten Gruppen mit weit über tausend Menschen gesammelt habe. Ich hatte mir diese wundervolle Aufgabe gestellt, Hilfesuchenden eine Stütze zu bieten, da mir diese Hilfe in meiner molligen Zeit niemals zuteil wurde.
In den Jahren intensiver Bemühungen und Beobachtungen an mir selbst und meinen Schützlingen konnte ich das Programm der Trennkost ständig verbessern und vereinfachen.
Mir ist es gelungen, die Trennkost mit der Vollwertkost zu verknüpfen. Daraus ist keine Diät entstanden, sondern eine Ernährungsform, die man sein ganzes Leben durchführen kann und die den Körper optimal mit allen lebenswichtigen Nährstoffen versorgt.
Mein guter Gesundheitszustand, der mir von mehreren Ärzten bestätigt wurde, und die gleichmäßige Gewichtsabnahme der Gruppenmitglieder beweisen immer wieder die Gültigkeit meines neuen Konzeptes der Trennkost.
Übergewicht hat seine Ursachen nicht nur in falsch kombinierten Speisen, sondern ebenso im Verzehr von denaturierten Nahrungsmitteln. Unsere heutige Zivilisationskost besteht in erster Linie aus Weißmehlprodukten, aus Nahrungsmitteln mit viel verborgenen tierischen Fetten, konservierten Gemüsen und Fertiggerichten, gezuckerten Speisen wie Pudding, Gebäck und Eis.
Verbraucherstatistiken zeigen immer deutlicher den zunehmenden Verbrauch dieser Nahrungsmittel an. Wenn man diese Speisen wirklich nur gelegentlich zu sich nimmt, ist dagegen sicher nichts einzuwenden. Doch sollte man wissen, daß solche Kost zwar den täglichen Kalorienbedarf deckt, aber die lebensnotwendigen Vitamine, Mineralstoffe, Enzyme und Ballaststoffe dem Körper vorenthält. Tatsache ist, daß der Mensch heutzutage zwar ein sehr hohes Alter erreichen kann, doch Stoffwechselstörungen, Herz-Kreislauf-Erkrankungen, Arterienverkalkung, Arthritis, Gicht, Arthrose, Rheuma und Diabetes begleiten ihn ab dem 40. Lebensjahr immer häufiger. Jeder dritte hat Übergewicht. Fakten, über die man nachdenken sollte.
Eine der ersten und wichtigsten Regeln zur gesunden, schlanken

Figur wäre ein Zurück zur Natur. Es macht Spaß, sich mit natürlichen Nahrungsmitteln zu beschäftigen. Immer deutlicher wird man erkennen, daß naturbelassene Speisen einen sehr hohen Sättigungswert besitzen und außerdem geschmacklich mehr zu bieten haben als Fertiggerichte und Konserven.
Speziell Vollkornprodukte sind wegen ihres hohen Gehaltes an Vitaminen, Mineral- und Ballaststoffen besonders wichtig bei der täglichen Nahrungsaufnahme. Deshalb sollte Getreide unbedingt in gekochter und zubereiteter Form oder auch roh im Müsli verwendet werden. Wer sich anfangs die Investition einer Getreidemühle nicht leisten möchte, kann sich sein Getreide in grünen Läden oder Reformhäusern kostenlos mahlen lassen.
Sie sollten immer daran denken: Weißmehlprodukte – wie helle Nudeln, Kuchen, Gebäck, Pfannkuchen, Weißbrot und andere – sind zur Gewichtsabnahme nicht geeignet. Aus Auszugsmehlen hergestellte Speisen enthalten kaum noch Vitamine, Mineralstoffe, Spurenelemente und Ballaststoffe. Es sind „leere" Kalorien, die den Darm bei seiner täglichen Arbeit behindern. Denn die Ballaststoffe bestimmen, wie lange eine Nahrung im Darm verweilt, sie bringen sozusagen das Innenleben auf Trab, und sie gelangen beinahe unverändert vom Magen in den Dickdarm.
Dank ihrer hohen Quellfähigkeit binden sie Wasser, vergrößern das Volumen des Darminhaltes und regen den Darm zur stärkeren Bewegung an. Dabei binden sie auch schädliche Stoffe, entgiften und entwässern also gleichzeitig. So sind sie äußerst wirksam bei Darmträgheit, Verstopfung und Übergewicht. Ballaststoffe sind unverdauliche Bestandteile pflanzlicher Nahrungsmittel, also das Fasergerüst von Gemüsen, Salaten, Getreide und Obst. Sie erzeugen durch ihre Füll- und Quellwirkung ein anhaltendes Sättigungsgefühl, ohne daß sie dem Körper mehr Kalorien zuführen. Auch Diabetikern wird eine ballaststoffreiche Kost empfohlen.
Ein weiteres sehr großes Problem ist der allgemein hohe Zuckerverbrauch. Zucker gehört heute zu den beliebtesten Genußmitteln. Er besteht ausschließlich aus Kohlenhydraten und enthält keine nennenswerten Nährstoffe oder gesundheitsfördernde Substanzen. Er liefert nur eines: Kalorien! Zucker beeinträchtigt die Wirkung der Verdauungs-

säfte, macht müde, und man gewöhnt sich sehr leicht an den süßen Geschmack. Hier kann ich aus eigener Erfahrung sprechen, da ich selbst ein Liebhaber von Süßigkeiten war und früher unter einer schweren „Zuckersucht“ litt. Es passierte mir täglich, daß mich ein Heißhunger nach Süßem überfiel. Einmal angefangen, konnte ich mich nicht mehr beherrschen und stopfte Unmengen von Schokolade in mich hinein, bis es mir übel wurde. Heute genügt mir eine Handvoll Rosinen, gemischt mit Mandeln, oder als Zwischenmahlzeit eine reife Banane mit ein wenig Schlagsahne, verziert mit Mandelsplittern und einem Schuß Ahornsirup.
Die süßen Rezepte in diesem Buch beweisen, daß auch ein verwöhnter Gaumen mit natürlich gesüßten Schleckereien voll befriedigt werden kann und auf nichts zu verzichten braucht. Empfehlenswert zum Süßen sind vor allem naturreine, kaltgeschleuderte Honige, Ahornsirup, Apfel- und Birnendicksaft, ungeschwefelte getrocknete Früchte wie Pflaumen, Aprikosen, Feigen und Rosinen.

Öle und Fette

Entscheidend für eine vollwertige Ernährung ist auch der richtige Gebrauch von Fetten und Ölen. Obwohl diese Nahrungsmittel in der Trennkost als neutral bewertet werden, sollte man doch eine übermäßige Zufuhr vermeiden, da Fett der kalorienreichste unter den Hauptnährstoffen ist. In vernünftigen Mengen und in naturbelassener Form genossen macht es nicht dick, sondern führt dem Körper essentielle Fettsäuren und fettlösliche Vitamine zu, die er selber nicht herstellen kann.
Empfehlenswert sind naturbelassene, kaltgepreßte, unraffinierte Öle wie Leinsamenöl, Distelöl, Sonnenblumenöl, Weizenkeimöl, Maiskeimöl oder Olivenöl, außerdem Butter und ungehärtete, naturbelassene Pflanzenfette mit einem hohen Anteil an ungesättigten Fettsäuren. Überhitzen und starke Bräunung sollten vermieden werden. Nicht empfehlenswert sind alle raffinierten Öle und gehärteten Fette, wie viele der Margarinesorten oder Platten- und Kunstspeisefette.

Der Wert von Schweinefleisch in unserer Ernährung

Fleisch ist in Mengen genossen ungesund. Das teilweise kalorienarme „schnelle Steak“ kann bei zu häufigem Genuß eine Eiweißüberernährung verursachen. Die Folgeschäden, die sich einstellen können, sind Verdauungsstörungen, bei gegebener Disposition Gicht und möglicherweise auch rheumatische Erkrankungen.
Besonders das Fleisch vom Schwein spielt in unserer Ernährung eine sehr große Rolle. Zugegeben, die Zubereitung bereitet wenig Mühe, auch der Geldbeutel wird nicht übermäßig strapaziert. Trotzdem gibt es viele Fakten, die gegen Schweinefleisch sprechen, zum Beispiel die Massentierhaltung. Ein Ferkel wird innerhalb von 200 Tagen auf ein Schlachtgewicht von 80–120 kg gebracht, wobei es außer Beton, Stroh und industriell hergestelltem Tierfutter nichts anderes zu sehen bekommt.

Vor 20 bis 30 Jahren bekam ein Schwein abwechslungsreicheres Futter als heute (Speisereste, Kartoffeln sowie Kartoffelschalen und anderes), lief im Stall oder auf der Wiese herum und wuchs langsamer. Heute bekommt es weniger, dafür aber konzentriertere Nahrung und wächst doppelt so schnell.
Aufmerksam auf die negativen Einflüsse der Tierhaltung, auf die Fleischqualität und die des Schweinefleisches wiederum auf den menschlichen Körper wurde ich erst durch die Lektüre des Buches „Schweinefleisch und Deine Gesundheit“ von Dr. Reckeweg, Aurelia Verlag, Baden-Baden. Dort fand ich endlich die Bestätigung für meine Vermutung, daß der Genuß von Schweinefleisch unbedingt mit dem „Dickwerden“ in Verbindung gebracht werden muß.
Mit diesem Hinweis auf das Buch von Dr. Reckeweg möchte ich niemanden seiner Freiheit berauben, Schweinefleisch zu essen oder nicht, sondern lediglich darum bitten, daß sich jeder sein eigenes Urteil bilde.

Richtig trennen leicht gemacht

Der Umschalttag

Um den Körper auf eine Gewichtsreduzierung gut vorzubereiten, sollte man unbedingt als erstes einen Umschalttag einlegen, an dem man nur Obst, Säfte, Gemüse oder Reis zu sich nimmt.

Obsttag:	3 Pfund Obst der Saison (keine Bananen, frische Feigen und frische Datteln)
Gemüse-Rohkost-Tag:	3 Pfund Gemüse oder Salate, roh oder gedünstet, ohne Salz und Fett zubereitet
Reistag:	3mal am Tag 60 g Naturreis (roh gewogen), der gekocht und mit etwas ungesüßtem Apfelbrei aus gelagerten Früchten (keinen Süßstoff verwenden) verzehrt wird

Sehr empfehlenswert ist auch meine ballaststoffreiche **„Abnehmsuppe“**, die sich in meinen Seminaren für Übergewichtige bestens bewährt hat. Sie wirkt nicht nur stark entwässernd und entschlackend, sondern besitzt außerdem einen hohen Sättigungswert, der bei einem reinen Obst- oder Safttag nicht in dem Maße gewährleistet ist.
Diese Suppe besteht aus:
3 Kartoffeln,
3 Stangen Lauch,
3 Zwiebeln,
1 Stück Sellerie.
Das Gewicht der Zutaten spielt hier keine Rolle. Die Suppe wird zubereitet, indem man zunächst die Kartoffeln schält oder bürstet. Das Gemüse wird geputzt, zerkleinert, in einen Topf gegeben und mit Wasser aufgefüllt. Verwenden Sie kein Salz, sondern nur Kräuter (frisch oder getrocknet), wie Petersilie oder auch Knoblauch.
Bei allen vier Vorschlägen sollten Sie unbedingt zusätzlich viel Flüssigkeit aufnehmen und zwar in Form verschiedener Tees (Früchtetee, Hagebuttentee, Brennesseltee und andere) oder stillen Wassern, die streng natriumarm sein müssen.
Nach dem Umschalttag kann die Trennkost beginnen!

Hinweise zum Trennungsplan

Anhand des Trennungsplanes (siehe Seite 17 ff.) erhalten Sie den genauen Überblick, was zu den Eiweißen (im

folgenden immer blau markiert) und zu den Kohlenhydraten (im folgenden immer rot markiert) gehört. Die dritte Spalte besteht aus der neutralen Kost (im folgenden immer grau markiert). Neutral bedeutet, daß diese Nahrungsmittel teilweise leichter verdaulich sind. Dazu gehören alle ungesättigten Milchprodukte und Weißkäsesorten. Auch rohe oder roh geräucherte Fleisch-, Wurst- und Fischsorten gelten als neutral, denn erhitzte Eiweiße sind in ihrer Struktur verändert.
Die Fette, wie Butter, Öle, Rahm und dergleichen, werden von den Lipasen (fettspaltende Enzyme) in Fettsäuren und Glyzerin umgewandelt. Durch das Experimentieren an mir selbst und an vielen meiner Abnehmwilligen konnte ich feststellen, daß diese neutralen Nahrungsmittel ohne Bedenken mit den Eiweißen oder den Kohlenhydraten gemischt werden können. Nur sollte das Verhältnis Eiweiß : Kohlenhydraten : neutrale Kost unbedingt stimmen (siehe Mengenplan Seite 20 ff.). Erfreulicherweise werden Sie bei dieser Trennkost bemerken, daß nicht nur die Pfunde purzeln, sondern auch gesundheitliche Beschwerden wie Sodbrennen, Völlegefühl und Verdauungsbeschwerden verschwinden.

Trennungsplan

Innerhalb einer Mahlzeit dürfen eiweißreiche und kohlenhydratreiche Lebensmittel *nicht* gemischt werden.

Eiweiß

Alle Fleischsorten im gegarten Zustand. Das sind zum Beispiel: vom Rind: Braten, Rouladen, Gulasch, Steaks, Hackfleischgerichte, Sauerbraten, Geschnetzeltes; vom Kalb: Schnitzel, Braten; vom Lamm und Hammel: Kotelett, Rücken, Keule; (Schweinefleisch ist nicht empfehlenswert);
alle gegarten Geflügel, zum Beispiel: Putenrollbraten, -schnitzel und -brust sowie Putengeschnetzeltes, Gans, Ente, Grillhähnchen, Poulardenbrust;
alle gegarten Wurstsorten, zum Beispiel: gebratene Bratwurst, Fleischwurst, Leberkäse, Rindswurst, Knacker, Corned beef, gekochter Schinken, Geflügelwurst (alle Wurstsorten sind ohne Schweinefleisch erhältlich);
alle ungeräucherten Fischsorten, Schalen- und Krustentiere im gegarten Zustand. Das sind zum Beispiel: Scholle, Kabeljau, Seelachs, Lachs, Thunfisch, Makrele, Heilbutt,

Hering, Hecht, Forelle, Muscheln, Garnelen, Hummer, Krebse;
alle Sojaprodukte, zum Beispiel Tofu sowie mit Soja hergestellte Brotaufstriche;
Eier und Milch aller Fettstufen; alle Käsesorten mit höchstens 50 % Fett i.Tr., zum Beispiel: Harzer, Parmesan, Emmentaler, Edamer, Gouda, Tilsiter;
gekochte Tomaten; Getränke, zum Beispiel: Früchtetee, Apfelwein, herber Weißwein und Sekt;
alle Beerenfrüchte (außer Heidelbeeren), alle Kern- (außer mürben Äpfeln) und Steinobstsorten sowie alle Zitrusfrüchte (Orangen, Zitronen, Grapefruit);
alle exotischen Obstsorten (außer Bananen), zum Beispiel: Mangos, Papayas, Kiwis, Melonen. (Dr. Hay ordnet säuerliche Obstsorten zwar zu den Eiweißen, jedoch hat es sich in meinen Gruppen bewährt, nur geringe Mengen davon mit anderen eiweißreichen Lebensmitteln zu mischen. Oder essen Sie sie nur zusammen mit Milch oder angesäuerten Milchprodukten zum Frühstück oder zwischendurch.)
Tips: Verwenden Sie zum Panieren keine Semmelbrösel, sondern Sesam, Mandeln oder Nüsse. Frikadellen werden mit Quark oder fein geriebenen Möhren gelockert.

Neutrale Kost

Die neutralen Lebensmittel dürfen innerhalb einer Mahlzeit sowohl mit den eiweißreichen als auch mit den kohlenhydratreichen Lebensmitteln gemischt werden. Neutral sind **alle Fette,** zum Beispiel: Öle (kaltgepreßte bevorzugen), ungehärtete Margarinesorten mit einem hohen Anteil an mehrfach ungesättigten Fettsäuren (aus dem Reformhandel), Butter, aber auch schmalzähnlicher, pflanzlicher Brotaufstrich (im Reform- oder Naturkosthandel unter der Markenbezeichnung „Holstener Liesel" zu finden);
alle ungesäuerten Milchprodukte, zum Beispiel: Quark, Joghurt, Kefir, Sahnedickmilch, saure und süße Sahne, Buttermilch, aber auch vergorenes Molkekonzentrat (Molkosan);
alle Käsesorten mit mindestens 60 % Fett i.Tr., zum Beispiel Doppelrahmfrischkäse, Rahmgouda, Butterkäse, Camembert;
alle Weichkäsesorten, zum Beispiel: Schafs- und Ziegenkäse, Mozzarella, körniger Frischkäse;
alle rohen, geräucherten Wurstwaren, zum Beispiel: Bündner Fleisch, roher Schinken, Salami, Debreziner (alle sind auch ohne Zusatz von Schweinefleisch erhältlich);

rohes Fleisch, zum Beispiel: Tatar; **roher marinierter oder geräucherter Fisch,** zum Beispiel: Schillerlocke, Bückling, Aal, Makrele, Forelle, Räucherlachs, Matjes, Bismarckhering (viele dieser Produkte enthalten reichlich Salz!)
folgende Gemüsesorten, Salate und Pilze: Auberginen, Artischocken, Blumenkohl, Brokkoli, grüne Bohnen, grüne Erbsen, Fenchel, Gurken, Knoblauch, Kohlrabi, Lauch, frischer Mais, Möhren, Paprika, Peperoni, Radieschen, Rettich, rote Bete, Rosenkohl, Rotkohl, Sauerkraut, Sellerie, Spargel, Spinat, rohe Tomaten, Weißkohl, Wirsing, Zucchini, Zwiebeln, alle Blattsalate (auch Eisberg-, Endivien- und Feldsalat), Chicorée, Chinakohl sowie Austernpilze, Champignons, Pfifferlinge, Steinpilze und andere Pilzsorten.
Alle Sprossen und Keimlinge; alle frischen und getrockneten Kräuter sowie alle Gewürze; alle Nüsse und Samen (außer Erdnüssen), zum Beispiel: Haselnüsse, Kokosraspel, Mandeln, Pinienkerne, Sesam, Walnüsse;
Heidelbeeren, ungeschwefelte Rosinen; Oliven; Eigelb; Spirituosen, zum Beispiel: Korn und Wacholder; **alle Geliermittel,** zum Beispiel Gelatine (tierisches Produkt), Agar-Agar (eine pulverisierte Meeresalge – das Pulver wird in kalter Flüssigkeit aufgelöst, man erhitzt das Ganze auf 60–80 °C und läßt es erkalten), pflanzliche Bindemittel aus Johannisbrotkernmehl (aus dem Reformhaus).
Tips: Saucen für Salate, die zusammen mit einer Eiweißmahlzeit gegessen werden, sollten aus Öl, Sahne, Kräutern und Zitronensaft zubereitet werden. Saucen für mit Kohlenhydratmahlzeiten kombinierte Salate sollten aus angesäuerten Milchprodukten, wie zum Beispiel Kefir, Sahnedickmilch und Joghurt, aus vergorenem Molkekonzentrat (Molkosan) oder Brottrunk (aus dem Reformhaus oder der Bäckerei) bestehen.

Kohlenhydrate

Alle Getreidesorten, zum Beispiel: Dinkel, Weizen, Roggen, Gerste, Hafer, Grünkern, Hirse, getrockneter Mais, Naturreis;
Buchweizen; alle Vollkorngetreideerzeugnisse, zum Beispiel: Vollkornbrot und -brötchen, Kuchen aus Vollkornmehl, Vollkornnudeln, -grieß;
folgende Gemüse- und Obstsorten: Kartoffeln, Topinambur, Grünkohl,

Schwarzwurzeln, Bananen, ungeschwefeltes Trockenobst (außer Rosinen – sie sind neutral, Korinthen hingegen zählen zu den Kohlenhydraten.), frische Datteln und Feigen, mürbe Äpfel;
folgende Süßungsmittel: Frutilose, Honig, Ahornsirup, Birnen- und Apfeldicksaft;
Verschiedenes, wie zum Beispiel: Kartoffelstärke, Weinsteinbackpulver, Puddingpulver, Carobe (gemahlene Frucht des Johannisbrotbaumes – das Pulver wird wie Kakao verwendet und ist im Naturkostladen erhältlich.), Bier.
Tip: Getreidebratlinge werden nur mit Vollkornbröseln, Nüssen oder Sesam paniert und nicht vorher in Ei gewendet.

Bitte meiden Sie:

weißes Mehl und daraus hergestellte Produkte, zum Beispiel: süße und pikante Backwaren sowie Nudeln; polierten Reis; Zucker, Süßstoffe und damit hergestellte Produkte, zum Beispiel: Süßigkeiten und Marmeladen; Fertiggerichte und Konserven; getrocknete Hülsenfrüchte, zum Beispiel: Erbsen, Linsen, Bohnen; Erdnüsse und Preiselbeeren; Schweinefleisch und daraus hergestellte Produkte;
generell rohes Eiweiß von Eiern;
fertige Mayonnaise;
gehärtete Fette, zum Beispiel: normale Margarinesorten, feste, weiße Fritierfette (Plattenfette);
schwarzen Tee, Kaffee und Kakao.

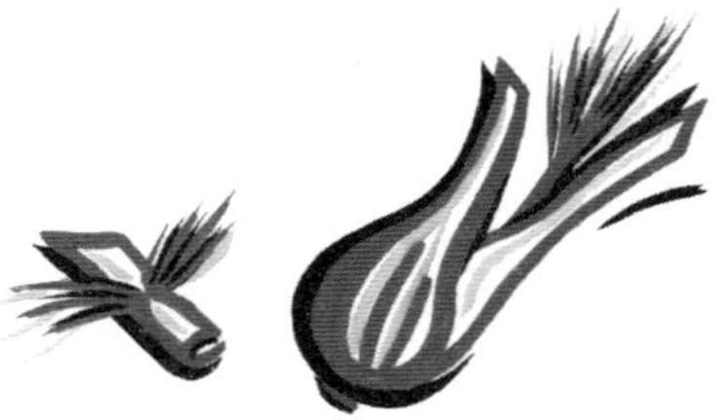

Mengenplan

Die Gewichtsangaben und die Uhrzeiten auf dem Mengenplan sind nur ungefähre Richtlinien und sollten von Ihnen selbst erprobt werden. Hungern und Fasten sind oftmals sinnlos, niemand soll hungrig vom Tisch aufstehen, denn dadurch wird Naschen vorprogrammiert.
Aber immer daran denken. Zum Gesundbleiben benötigt jeder Körper ausreichend Gemüse, Salate und Obst, die man zu einem Teil als Rohkost essen sollte.
8.00 Uhr: 1 Glas (etwa 200 ml) natriumarmes, stilles Mineralwasser

Frühstück

8.05 Uhr: Man hat die Wahl zwischen einer Kohlenhydrat-, einer Eiweiß- und einer Obstmahlzeit.

Kohlenhydratmahlzeit:
1 Scheibe Vollkornbrot (60 g)
oder 1 Vollkornbrötchen
oder 3 Scheiben Vollkornknäckebrot;
diese dünn mit Butter oder Margarine bestreichen und mit folgendem belegen bzw. bestreichen:
30 g rohe Wurst (ca. 3 dünne Scheiben)
oder 30 g Käse ab 60 % Fett i.Tr. (ca. 1 Scheibe)
oder 50 g Quark (ca. 2 EL)
oder 2 TL Honig
als Alternative dazu:
ein Müsli oder einen Getreidebrei (siehe Rezepte Seite 36 und 38).

Eiweißmahlzeit:
2 Eier (als Spiegeleier, Rühreier, gekocht oder im Glas)
(Mehr als 3 Eier pro Woche sind nicht empfehlenswert);
dazu: Tomaten, Gurken, Paprikaschoten, Radieschen oder ein anderes neutrales Gemüse, aber **kein** Brot.

Obstmahlzeit:
frisches Obst der Saison (außer Bananen, Feigen und Datteln) in beliebiger Menge
Wer auf seinen Kaffee oder schwarzen Tee nicht verzichten möchte, sollte ihn mit etwas Sahne, eventuell auch mit ein wenig Honig verfeinern.
Wichtig: Jeden Bissen sorgfältig kauen und gut einspeicheln. Kaffee oder Tee ist kein Speichelersatz.

9.00 Uhr: 1 großes Glas Früchte- oder Kräutertee oder stilles Mineralwasser

10.00 Uhr: 1 großes Glas Früchte- oder Kräutertee oder stilles Mineralwasser

Zwischenmahlzeit

10.30 Uhr: 200 g Obst der Saison (aber keine Bananen, Feigen und Datteln)
oder 250 ml frische Milch
oder 250 g angesäuerte Milchprodukte
oder 100 g Obst (aber keine Bananen, Feigen und Datteln) und dazu 125 ml Milch oder angesäuerte Milchprodukte

12.00 Uhr: 1 großes Glas Früchte- oder Kräutertee oder stilles Mineralwasser

Mittagessen

12.30 Uhr: Zum Mittagessen haben Sie die Wahl zwischen einer Eiweiß- und einer Kohlenhydratmahlzeit

Eiweißmahlzeit:
100–150 g Fleisch
oder 150–200 g Fisch
oder 2 Eier
oder 60 g Käse bis 50 % Fett i.Tr.
oder 80 g gegarte Wurstsorten;
dazu 400 g neutrales Gemüse und Salat

Kohlenhydratmahlzeit:
50 g Getreide (roh gewogen)
oder 50 g Naturreis (roh gewogen)
oder 50 g Vollkornnudeln (roh gewogen)
oder 200 g Kartoffeln;
dazu 400 g Gemüse und Salat
Hierzu können noch 30–50 g neutrale Lebensmittel oder Speisen gegessen werden (siehe Trennungsplan Seite 17 ff.)
Zusätzlich zu den Zutaten für die Eiweiß- oder Kohlenhydratmahlzeit können Sie kleine Mengen Butter, Margarine, Öl oder Sahne verwenden. Sie sind alle neutral und passen immer dazu.
Während einer Hauptmahlzeit sollte man nichts trinken. Falls Sie nicht darauf verzichten wollen, trinken Sie die Flüssigkeit nur schluckweise.

14.00 Uhr: 1 großes Glas Früchte- oder Kräutertee oder stilles Mineralwasser

15.00 Uhr: 1 großes Glas Früchte- oder Kräutertee oder stilles Mineralwasser

16.00 Uhr: 1 großes Glas Früchte- oder Kräutertee oder stilles Mineralwasser

Zwischenmahlzeit:

16.30 Uhr: 1 Banane
oder 1 Müsliriegel ohne Zucker
oder 1 Stück Kuchen (Rezepte Seite 53 ff.)
oder 2–3 pikante Plätzchen (Rezept Seite 56)
oder 1 Scheibe Knäckebrot mit Honig
oder 2 EL Quark mit 1 TL Honig
oder 1 EL Vollkornhaferflocken und 1 Becher Joghurt

oder 200 g angesäuerte Milchprodukte
(Keine Frischmilch trinken, da sie nachmittags schwerer verdaulich ist.)
1 großes Glas Früchte- oder Kräutertee oder stilles Mineralwasser

Abendessen

18.30 Uhr: Am Abend hat man die Auswahl bei den

Kohlenhydratgerichten:
50 g Getreide (roh gewogen)
oder 100 g Vollkornbrot
oder 50 g Naturreis (roh gewogen)
oder 50 g Vollkornnudeln (roh gewogen)
oder 200 g Kartoffeln;
dazu 400 g Gemüse und Salat, 30–50 g neutrale Lebensmittel und in kleinen Mengen Butter, Margarine, Öl oder Sahne

Lebensmittel bewußt kombinieren

Der nächste Schritt besteht aus der Technik des bewußten Kombinierens. Sie werden bei mir keinen verbindlichen Speiseplan vorfinden, sondern lediglich Vorschläge, so daß Sie im Laufe der Zeit Ihr eigenes geschmackvolles Programm selbst entwickeln können.
Meine früheren Diätversuche scheiterten nämlich immer wieder daran, daß ich auf vorgeschriebene Speisepläne absolut keinen Appetit hatte. Auch komplizierte Zubereitungen, zu geringe Mengen oder einseitige Ernährungsformen brachten mich meinem Ziel nicht näher.
Ganz anders ist mit der Trennkost umzugehen. Hier gibt es keine „doppelte Kocherei" für die Hausfrau. Den Familienmitgliedern, die nicht trennen möchten, ergänzt man eine Eiweißmahlzeit lediglich mit Getreide, Kartoffeln, Reis, Nudeln oder Brot. Umgekehrt bekommen die „Nicht-Trennköstler" bei einer Kohlenhydratmahlzeit zusätzlich Fleisch, Fisch, Käse oder Eier.
In der Trennkost-Praxis könnte dies folgendermaßen aussehen. Neutral 400 g Gemüse, dazu Eiweiß durch zwei Spiegeleier. Diese Mahlzeit können Sie für die Familie mit Kartoffeln oder ähnlichem ergänzen. Kartoffelfans können ebenso das Gemüse (neutral) mit den Kartoffeln (Kohlenhydraten) kombinieren, dann aber nur das Eigelb (neutral) dazu essen. Aus meinen Kombinations-

vorschlägen geht dies noch deutlicher hervor. Interessant ist außerdem, daß Sie nach eigenem Geschmack wählen können.
Man hat die freie Auswahl unter sämtlichen Nahrungsmitteln, sollte sich jedoch für eine eiweiß- oder kohlenhydrathaltige Mahlzeit entscheiden. Somit kann man seine eigenen Gelüste voll befriedigen. Gefühle des Verzichtens kommen hier nicht auf, da man im Laufe eines Tages all das gegessen hat, was andere gemeinsam auf einem Teller haben.

Kombinationsvorschläge für Eiweißmahlzeiten:
100–150 g Fleisch
dazu 400 g Gemüse, Salate oder Rohkost
oder
150–200 g gedünsteter Fisch
dazu 400 g Gemüse, Salate oder Rohkost
oder
60 g Käse bis 50 % Fett i.Tr.
dazu 400 g Gemüse, Salate oder Rohkost
oder
2 Eier
dazu 400 g Gemüse, Salate oder Rohkost
oder
80 g gegarte Wurstsorten
dazu 400 g Gemüse, Salate oder Rohkost

Auf Wunsch sind alle Vorschläge für die Familie mit Getreide, Kartoffeln, Reis, Nudeln oder Brot zu ergänzen.

Beispiele

Lammkoteletts auf Wirsing
oder Gemüse-Rindergulasch
oder Lauchauflauf
oder Hackfleischragout
oder Provenzalische Fischsuppe
oder Krabbencocktail
oder Heilbutt in Gemüsesauce
oder Forelle blau
oder Paprikacreme mit gestockten Eiern
oder Grüner Salat mit Sellerie-Ei-Happen
oder Eiersalat
oder Kohlrabigemüse mit Schinkenrühreiern

Kombinationsvorschläge für Kohlenhydratmahlzeiten
50 g Getreide (roh gewogen)
dazu 400 g Gemüse, Salate oder Rohkost
oder
200 g Kartoffeln
dazu 400 g Gemüse, Salate oder Rohkost
oder
50 g Naturreis (roh gewogen)

dazu 400 g Gemüse, Salate oder Rohkost
oder
50 g Vollkornnudeln (roh gewogen)
dazu 400 g Gemüse, Salate oder Rohkost

Auf Wunsch sind alle Vorschläge für die Familie nach Geschmack mit Fleisch, Fisch, Käse, Eiern oder Wurst zu ergänzen.

Beispiele

Bunter Kartoffelsalat
oder Gemüsepaella
oder Hirsotto
oder Gefüllte Wirsingröllchen mit Wirsinggemüse
oder Getreideauflauf
oder Kartoffelauflauf „Provençal"
oder Béchamelkartoffeln mit Tomatensalat
oder Pikante Nudelsuppe
oder Lauchsuppe
oder Kohlrabi-Kartoffel-Suppe
oder Selleriesalat mit Quarkkroketten
oder Gebundene Gemüsesuppe

Richtlinien zur Mengenangabe

Die Gewichtsangaben auf dem Mengenplan und die Zusammenstellung des Wochenplans sind nur ungefähre Richtlinien und sollten selbst erprobt werden, denn kein Körper reagiert wie der andere. Ich habe Mollige erlebt, die absolut keine Rücksicht auf das „Wieviel" nahmen, sondern lediglich die Nahrungsmittel trennten und dies mit wirklich großem Erfolg.
Andere, die zwar trennten, aber Gemüse und Salate verachteten, nahmen nur sehr gering ab. Der Verzehr von Gemüse und Salaten ist gerade bei einer gesunden Gewichtsabnahme entscheidend. Zum ersten wirken sie stark sättigend durch den Gehalt an Ballaststoffen. Zum zweiten bilden sie Basen, und der Körper scheidet überschüssige Säuren aus. Drittens aktiviert eine solche Kost wegen ihres hohen Kaliumgehaltes die Nieren. Kalium entwässert den Körper und ist der Gegenspieler von Natrium. Erwachsene sollten täglich 3–4 g Kalium zu sich nehmen. Die Durchschnittswerte von ungefähr 100 g Gemüse oder Salaten liegen bei etwa 0,3–0,4 g Kalium. Da Gemüse, Salate, Rohkost und Obst teilweise aus 80–90 % Wasser bestehen, ist auch die Ausscheidung entsprechend höher als bei anderen Nahrungsmitteln. Dadurch

Speiseplan für die erste Trennkostwoche

Uhrzeit	Montag	Dienstag	Mittwoch
8.00 Uhr	1 Glas Wasser oder Tee	1 Glas Wasser oder Tee	1 Glas Wasser oder Tee
8.05 Uhr	Hirsebrei	Bananenbrot	Frischkornbrei
9.00 Uhr	1 Glas Wasser oder Tee	1 Glas Wasser oder Tee	1 Glas Wasser oder Tee
10.00 Uhr	1 Glas Wasser oder Tee	1 Glas Wasser oder Tee	1 Glas Wasser oder Tee
10.30 Uhr	¼ l Buttermilch	Kiwi-Sahne-Sorbet	Früchtemahlzeit
12.00 Uhr	1 Glas Wasser oder Tee	1 Glas Wasser oder Tee	1 Glas Wasser oder Tee
12.30 Uhr	Geflügelsuppe „Gärtner Art“	Überbackenes Gemüse	Gemüsepaella
14.00 Uhr	1 Glas Wasser oder Tee	1 Glas Wasser oder Tee	1 Glas Wasser oder Tee
15.00 Uhr	1 Glas Wasser oder Tee	1 Glas Wasser oder Tee	1 Glas Wasser oder Tee
16.00 Uhr	1 Glas Wasser oder Tee	1 Glas Wasser oder Tee	1 Glas Wasser oder Tee
16.30 Uhr	1 Banane	Joghurt mit Sanddorn	1 Müsliriegel ohne Zucker
18.00 Uhr	1 Glas Wasser oder Tee	1 Glas Wasser oder Tee	1 Glas Wasser oder Tee
18.30 Uhr	Spätzle mit Champignonsauce	Hirsotto	Gebundene Gemüsesuppe

Donnerstag	Freitag	Samstag	Sonntag
1 Glas Wasser oder Tee	1 Glas Wasser oder Tee	1 Glas Wasser oder Tee	1 Glas Wasser oder Tee
Knusperbrot 1 Glas Wasser oder Tee	Würziges Knäckebrot	Käsebrötchen	Lippsches Frühstück
1 Glas Wasser oder Tee	1 Glas Wasser oder Tee	1 Glas Wasser oder Tee	1 Glas Wasser oder Tee
1 Glas Wasser oder Tee	1 Glas Wasser oder Tee	1 Glas Wasser oder Tee	1 Glas Wasser oder Tee
Pfirsichkuppel	100 g Obst der Saison	Milchshake	Gefüllte Grapefruit
1 Glas Wasser oder Tee	1 Glas Wasser oder Tee	1 Glas Wasser oder Tee	1 Glas Wasser oder Tee
Paprikacreme mit gestockten Eiern	Provenzalische Fischsuppe	Getreideauflauf	Lauchauflauf
1 Glas Wasser oder Tee	1 Glas Wasser oder Tee	1 Glas Wasser oder Tee	1 Glas Wasser oder Tee
1 Glas Wasser oder Tee	1 Glas Wasser oder Tee	1 Glas Wasser oder Tee	1 Glas Wasser oder Tee
1 Glas Wasser oder Tee	1 Glas Wasser oder Tee	1 Glas Wasser oder Tee	1 Glas Wasser oder Tee
1/4 l Kefir	Heidelbeerquark	150 g Joghurt 3,5 % Fett	1 Stück Heidelbeertorte
1 Glas Wasser oder Tee	1 Glas Wasser oder Tee	1 Glas Wasser oder Tee	1 Glas Wasser oder Tee
Gemüseauflauf	Bananen-Zwiebel-Salat mit Rosinenbrötchen	Französische Kartoffelsuppe	Grünkernsuppe mit Gemüse

Rezepte zu den Gerichten siehe Rezeptteil

wird ein Austrocknen des Körpers verhindert, so daß man mit Recht behaupten kann, diese Nahrungsmittel bewirkten eine Schönheit, die von innen kommt. Das Kochsalz besteht aus Natrium und Chlorid. Es bindet Flüssigkeit im Körper und wirkt somit gewebeauftreibend. Aus diesem Grund ist es ratsam, den Salzverbrauch erheblich zu reduzieren. Aber auch Fertiggerichte, konserviertes Gemüse, Diätlimonaden, übersalzene Wurst, salziges Knabbergebäck und ähnliches sollten vom Speisezettel vollständig verschwinden. Es ist erstaunlich, wie schnell man sich an milder gesalzene Speisen gewöhnt. Entdecken Sie auch das Aroma und die Würzkraft der Kräuter wie Oregano, Estragon, Koriander, Kardamom, Thymian, Kerbel, Basilikum, Rosmarin und andere.

Sehr geschmacksintensiv sind auch Hefeextrakte oder vegetarische Gemüsebrühen, die im Reformhaus als Streuwürze, Brühwürfel, Pasten oder flüssige Würze erhältlich sind. In kleinen Mengen genossen, eignen sich auch Kräutersalz, Meersalz mit Jodanteil oder jodiertes Speisesalz für die gesunde Küche.

Die Trennkost in der Praxis

Essen in Gaststätten und Kantinen

Auch bei einem Besuch im Gasthaus ist es möglich, nach den Prinzipien der Trennkost zu leben. Zugegeben, manche Restaurants bieten ohne Zweifel kulinarische Genüsse an, doch sollte man auch hier seinen Essensrhythmus nicht unterbrechen. Das Hauptproblem liegt bei uns selbst. Abnehmen oder einfach drauflos futtern? Darüber sollte man sich schon vor dem Besuch eines Restaurants im klaren sein. Überlegen Sie es sich gut, ob das angebotene Essen wirklich so schmackhaft ist, daß man darauf nicht verzichten möchte. Ich spreche hier nicht von Einschränkungen, sondern lediglich von der Trennung.
Eine Speisefolge setzt sich im allgemeinen aus Fleisch, Kartoffeln und Salat zusammen. In meiner langjährigen Erfahrung ist mir noch kein Gastwirt begegnet, der mir meine Essenswünsche verweigerte. Ein Fleischesser wird immer voll auf seine Kosten kommen, da Braten, Steaks, Hähnchen, Roulade, Gulasch und vieles mehr immer auf einer Karte zu finden sind. Auch Fisch- oder Eiergerichte zählen zu den Eiweißen. Statt der Beilagen, wie Kroketten, Spätzle oder Bratkartoffeln, wählt man die doppelte Portion Salat oder Gemüse. Ich persönlich bevorzuge Gaststätten, die bekannt sind für ihre Salatbars oder Frischkostteller. Möchte man lieber eine Kohlenhydratmahlzeit zu sich nehmen, kann man unter Kartoffeln, Reis, Nudeln oder Brot wählen, auch wenn hier nicht immer vollwertig gekocht wird. Kleine Abstriche muß man machen, obwohl der Trend zur Vollwertküche in vielen Restaurants zu beobachten ist. Geräucherte Forelle, Räucherlachs, gebackener Schafskäse, Korbkäse, Camembert (60 % Fett i.Tr.), Heringstöpfchen, Salamibrot, Handkäse, Tatar sind neutral und können dazu gegessen werden.
In den Kantinen verhält es sich ähnlich. Dort werden fast immer Fleisch, Kartoffeln und Salat serviert. Auch hier wählt man unter Eiweißen oder Kohlenhydraten aus. Sind die Salatportionen nicht ausreichend, so muß man von zu Hause etwas mitbringen. Die Salatsaucen eventuell getrennt aufbewahren.

Warme und kalte Gerichte zum Mitnehmen

Für Berufstätige, Schüler oder Handelsreisende bietet es sich an, Gerichte zu Hause zuzubereiten, um von Fertiggerichten weitgehend unabhängig zu sein. Dazu bieten sich Speisen an, die ohne großen Zeit- und Energieaufwand zubereitet werden können. Bei den Kohlenhydratrezepten sollten Sie gleich die doppelte Menge zubereiten und eine Mahlzeit am Abend genießen, die andere Hälfte morgens heiß in eine Thermobox füllen und mitnehmen. Nach dem Prinzip einmal kochen – zweimal essen.

Vorschläge für Eiweißmahlzeiten:

Hackfleischragout
Ratatouille mit Schafskäse oder Hackfleisch
Gemüse-Rinder-Gulasch
Geflügelsuppe „Gärtner Art“
Pußta-Gulaschsuppe
Provenzalische Fischsuppe
Zum Mitnehmen eignen sich außerdem: Frikadellen, Wurstsalat, Geflügelsalat und Eiersalat. Ebenso Roastbeef, kalter Braten, Hähnchenfleisch, Rindswurst, Eier, Käse, Fisch, pikanter oder süßer Quark. Dazu Salate aus Tomaten, Chinakohl, grünen Bohnen, Sellerie, Blumenkohl und anderen Gemüsesorten.

Vorschläge für Kohlenhydratmahlzeiten:

Bunte Kartoffelpfanne
Hirsotto
Gemüsepaella
Gehitschel
Französische Kartoffelsuppe
Karotten-Lauch-Suppe
Grünkernsuppe mit Gemüse
Kohlrabi-Kartoffel-Suppe
Lauchsuppe
Gebundene Gemüsesuppe
Pikante Nudelsuppe
Champignon-Reis-Suppe
Zum Mitnehmen eignen sich außerdem Kartoffelsalat, Nudelsalat, Reissalat, Getreidebratlinge oder Salate aus Tomaten, Gurken, Chinakohl, grünen Bohnen, Blumenkohl, Sellerie und anderen Gemüsesorten.

Grillzeit

Grillen ist nicht nur ein herrliches Partyvergnügen, sondern bietet auch die Möglichkeit, ohne viel Fettzugabe Speisen lecker zuzubereiten. Die intensive Strahlungshitze schließt die Poren des Grillgutes rasch. Die natürlichen Geschmacksstoffe bleiben weitgehend erhalten, und das Gegrillte bleibt wunderbar zart und saftig. Die Vorbereitung ist das wichtigste bei einer Party. Teller, Bestecke, Servietten, größere Platten, Grillhandwerkszeug, Zange, Handschuh sind zu besorgen und natürlich das Grillgut selbst.
Grillen kann man fast alles. Angefangen von unproblematischen Würstchen über Fleisch, Fisch, Schalen- und Krustentiere, Wild, Geflügel, Gemüse und Obst. Auch Toasts und Aufläufe lassen sich sehr gut in einem elektrischen Grill überbacken. Fleisch sollte gut abgehangen sein. Zarter wird es, wenn man es in eine Marinade aus Öl und eventuell Zitronensaft einlegt.
Kleinere Fische wie grüne Heringe, Makrelen, Forellen oder Schollen eignen sich besonders gut zum Grillen. Die Garzeiten der einzelnen Fische sollten von jeder Seite 4–7 Minuten betragen. Fisch in der Folie zubereitet benötigt etwa 2 Minuten länger.

Essen im Urlaub

Auch im Urlaub kann man gut nach den Regeln der Hayschen Trennkost leben. Wählen Sie bei der Buchung Ihrer Unterkunft keine Vollpension, denn Selbstversorger haben es leichter. Erstens müssen Sie nicht immer pünktlich zu den Mahlzeiten wieder im Hotel sein und zweitens können Sie besser größere Ausflüge machen, da Sie zeitlich weniger gebunden sind. Außerdem lernen Sie so die netten, kleinen, einheimischen Lokale mit der landestypischen Küche kennen.
In heißen Urlaubsländern reicht zum Mittagessen oftmals eine Obstmahlzeit. Kaufen Sie sich auf den Märkten frisches Gemüse, wie z.B. Paprikaschoten, Tomaten und Gurken, aber waschen Sie es immer gut. Da die Hauptmahlzeit im Urlaub fast immer abends eingenommen wird, ist es sehr empfehlenswert, zu Beginn der Mahlzeit einen großen Teller Salat zu essen. Möchten Sie anschließend unter Fleisch oder Fisch wählen, so kauen Sie alles besonders gut, da Eiweiß, so

Dr. Hay, am Abend nur noch sehr zögernd von unserem Körper verarbeitet wird. Essen Sie auch nicht zu schwer und nicht zu spät, sonst liegt Ihnen danach die Mahlzeit wie ein Klotz im Magen.

Wertvolle Tips zur Trennkost

- Essen Sie möglichst nie Lebensmittel aus der Kohlenhydrat- und aus der Eiweißgruppe zusammen (siehe Trennungsplan Seite 17 ff.).
- Essen Sie so natürlich wie möglich. Meiden Sie industriell verarbeitete Nahrungsmittel, Fertiggerichte und solche Lebensmittel, die für lange Zeit haltbar gemacht worden sind.
- Bevorzugen Sie frisches Gemüse und Obst (schonend gegart oder als Rohkost), Salate, Kartoffelgerichte und Vollkornprodukte.
- Meiden Sie Süßigkeiten, wie Bonbons, Pralinen, Schokolade und süßes Gebäck aus weißem Mehl. Verwenden Sie zum Süßen statt Zucker lieber Honig, Obstdicksäfte, Rosinen und Trockenobst. Natürlich sind diese Süßungsmittel auch kalorienreich, aber sie enthalten im Gegensatz zum Zucker Mineralstoffe, Vitamine und teilweise auch Ballaststoffe. Seien Sie beim Süßen von Speisen trotzdem sparsam.
- Gehen Sie sparsam mit Salz und salzhaltigen Fertiggewürzmischungen um. Besser ist es, frische oder getrocknete Kräuter zu verwenden.
- Statt Essig sollten Sie für Ihre Salatsaucen ein Molkekonzentrat (Molkosan), Zitronensaft oder Brottrunk verwenden.
- Naturbelassene kaltgepreßte Öle, ungehärtete Fette, Butter, Sahne und Eier (in Maßen genossen), schaden dem Körper nicht, sondern sie bieten ihm wertvolle Stoffe, die er selbst nicht herstellen kann.
- Wenn Sie zwischen den Mahlzeiten plötzlich Hunger verspüren, trinken Sie ein Glas Mineralwasser, Kräuter- oder Früchtetee.
- Übergehen Sie keine Mahlzeiten. Wenn Sie wirklich keinen Hunger haben, essen Sie wenigstens ein Stück frisches Obst oder Gemüse.
- Planen Sie Ihre Mahlzeiten im voraus, und gehen Sie nie mit

hungrigem Magen einkaufen. Mit leerem Magen ist es mit der Selbstdisziplin nicht mehr weit her, und man kann leicht in Versuchung kommen.

- Kauen Sie Ihr Essen gut, und speicheln Sie es ausreichend ein. Trinken Sie aber möglichst nichts während der Mahlzeiten.
- Zum fettarmen Garen im Backofen eignet sich hervorragend Bratfolie. Dieser Bratschlauch hat zusätzlich den Vorteil, daß Ihr Ofen sauber bleibt.

Hinweise zu den Rezepten

- Alle Rezepte, die ich zusammengestellt habe, sind leicht nachvollziehbar. Sie sollen Ihnen beispielhaft zeigen, wie man Lebensmittel aus der Eiweiß- und aus der Kohlenhydratgruppe jeweils mit neutralen Lebensmitteln kombinieren kann.
- Für eine schnelle Zuordnung der Rezepte in die drei Lebensmittelgruppen haben wir folgende Symbole hinter die Rezeptnamen gesetzt:
  Ⓚ = Kohlenhydratgericht
  Ⓔ = Eiweißgericht
  Ⓝ = neutrales Gericht
- Bei jedem Rezept steht dabei, wie viele **Portionen** es ergibt. Wenn Sie davon weniger oder mehr zubereiten möchten, können Sie die Zutatenmengen in der Regel problemlos selber umrechnen.
- Die Angaben zu **Kilokalorien (kcal) und Kilojoule (kJ)** beziehen sich immer auf 1 Portion bzw. 1 Stück.
- Die **Zutatenmengen** beziehen sich in der Regel auf die ungeputzte Rohware.
- Die **Zubereitungszeit** in den Rezepten beinhaltet sowohl die Vorbereitungszeit (waschen, putzen, kleinschneiden) als auch die Gar- oder Backzeit. Es handelt sich dabei um Durchschnittswerte. Besondere Zeiten, wie beispielsweise Quellzeit, Zeit zum Gehen oder zum Kühlen, sind zur besseren zeitlichen Planung extra ausgewiesen. Mit Hilfe dieser Angaben können Sie schnell erkennen, wieviel Zeit Sie für die Gesamtzubereitung einrechnen müssen.
- Möchten Sie ein Rezept variieren oder eigene Kreationen entwickeln, ziehen Sie bitte den Trennungsplan auf Seite 17 ff. zu Rate.

- Für Familienmitglieder, die sich nicht der Trennkost anschließen möchten, brauchen Sie nicht ein anderes Gericht zu kochen. Ergänzen Sie die Kohlenhydratgerichte einfach mit Fleisch oder Fisch und die Eiweißgerichte mit Kartoffeln, Reis oder Nudeln.
- Einige der in den Rezepten verwendeten Zutaten sind fast ausschließlich im Naturkosthandel (etwa Reformhäuser, Bioläden) erhältlich.
  Frutilose ist ein schonend eingedämpfter Obstdicksaft. Er schmeckt sehr mild, weil ihm Fruchtsäuren entzogen wurden.
  Molkosan ist ein vergorenes Molkekonzentrat. Es ersetzt den Essig, der in der Trennkost nicht empfohlen wird.
  Brottrunk ist eine vergorene Mischung aus Vollkornbrot und Wasser. Außer im Naturkosthandel kann man ihn auch in einigen Bäckereien kaufen.
  Pflanzliche Bindemittel aus Johannisbrotkernmehl (z.B. Biobin oder Nestargel) sind geschmacksneutral und enthalten wenige Kalorien. Verwenden Sie das Pulver nur sehr sparsam, denn es führt schnell eine Bindung herbei. Beachten Sie daher unbedingt die Dosierangaben auf der Verpackung.
  Zum Salzen empfehle ich gerne **Meersalz,** das lebensnotwendige Vitamine und Mineralstoffe enthält, wie z.B. Jod. Auch **Kräuteressig** (sein Kochsalzgehalt liegt bei etwa 84 %) ist gut zum Abschmecken geeignet.
  Vegetarische Gemüsebrühe als Streuwürze (Instantpulver) wird von verschiedenen Herstellern angeboten. Sie wird nur aus pflanzlichen Zutaten hergestellt und ist daher cholesterinfrei. Außerdem enthält sie kein Glutamate und keine gehärteten Fette.
  Weinsteinbackpulver enthält im Gegensatz zum herkömmlichen Backpulver kein Phosphat. Es kann aber wie dieses auch problemlos zum Backen verwendet werden.
  Naturreis ist ungeschälter Reis. Im Gegensatz zu poliertem weißen Reis enthält er viele Ballaststoffe und ist daher sehr empfehlenswert. In den Rezepten wird er immer über Nacht eingeweicht, damit sich die relativ lange Garzeit verkürzt. Sie können ihn aber auch ohne Einweichen als Quellreis kochen. Dann dauert es aber 35 bis

45 Minuten, bis er gar ist. Zum Teil gibt es auch schon Naturreis, der schneller weich ist. Probieren Sie einfach verschiedene Sorten aus.

In der Trennkost spielen die Auswahl und der richtige Gebrauch von **Ölen und Fetten** eine wichtige Rolle. Empfehlenswert sind naturbelassene, kaltgepreßte, unraffinierte Öle, die viel wertvolle, mehrfach ungesättigte Fettsäuren enthalten. Oliven-, Sonnenblumen-, Distel-, Weizenkeim-, Leinsamen- und Maiskeimöl sind in dieser Qualität erhältlich. Verwenden Sie zum Kochen möglichst nur Oliven- oder Sonnenblumenöl, denn beide kann man problemlos erhitzen.

Butter und ungehärtete Pflanzenfette, z.B. Reformhausmargarine mit einem hohen Anteil an ungesättigten Fettsäuren, sind ebenfalls empfehlenswert. Da sie aber viele Kalorien enthalten, sollten Sie sie nur in kleinen Mengen verwenden. Man darf sie auch nie stark bräunen oder sogar überhitzen.

Nicht empfehlenswert sind gehärtete Fette, wie z.B. normale Margarinesorten oder Plattenfette (harte, weiße Fritierfette) sowie alle raffinierten Öle, wie z.B. normales Salatöl.

Abkürzungen

TL	=	Teelöffel (gestrichen)
EL	=	Eßlöffel (gestrichen)
g	=	Gramm (1000 g = 1 kg)
kg	=	Kilogramm
ml	=	Milliliter (1000 ml = 1 l)
l	=	Liter
Msp.	=	Messerspitze
Std.	=	Stunde(n)
Min.	=	Minuten
kcal	=	Kilokalorien (1 kcal = 4,2 kJ)
kJ	=	Kilojoule
Fett i.Tr.	=	Fett in der Trockenmasse
TK-...	=	Tiefkühl-...
°C	=	Grad Celsius

Bunte Frühstücksideen

Lippsches Frühstück Ⓔ

ZUBEREITUNGSZEIT: CA. 10 MIN.
CA. 199 KCAL/824 KJ

ZUTATEN FÜR 1 PORTION:
1 mittelgroßer Apfel
150 g Möhren
1 TL Leinsamen
1 TL Honig
1 EL süße Sahne, 30 % Fett

ZUBEREITUNG:
1. Den Apfel und die Möhren waschen, schälen, fein raspeln.
2. Den Leinsamen unterrühren und mit dem Honig süßen. Mit der Sahne verfeinern.

TIP:
Ein sehr saftiges und vitaminreiches Frühstück, auch als Zwischenmahlzeit geeignet.

Bananenbrot Ⓚ

ZUBEREITUNGSZEIT: CA. 5 MIN.
CA. 176 KCAL/729 KJ

ZUTATEN FÜR 1 PORTION:
1 kl. Scheibe Vollkornbrot (40 g)
1 TL Butter
1 kleine Banane

ZUBEREITUNG:
1. Das Brot im Toaster kurz anrösten und mit der Butter bestreichen.
2. Die Banane in Scheiben schneiden und das Brot damit belegen.

Frischkornbrei Ⓚ

Quellzeit: über Nacht
Zubereitungszeit: ca. 5 Min.
ca. 233 kcal/965 kJ

Zutaten für 1 Portion:
2 EL Getreide
5 EL Wasser
1 TL Honig
1 EL süße Sahne, 30 % Fett
1 TL gehackte Haselnüsse

Zubereitung:
1. Das Getreide grob schroten und in dem Wasser über Nacht quellen lassen.
2. Anschließend mit dem Honig süßen und mit der Sahne verfeinern. Mit den Nüssen bestreut in einer Schüssel servieren.

Haferflockenmüsli Ⓚ

Quellzeit: über Nacht
Zubereitungszeit: ca. 5 Min.
ca. 200 kcal/828 kJ

Zutaten für 1 Portion:
2 Trockenpflaumen
60 ml Wasser
2 EL Vollkornhaferflocken
1 EL süße Sahne, 30 % Fett
1 TL Honig
4 feingehackte Haselnüsse

Zubereitung:
1. Die Pflaumen zerkleinern und mit den Haferflocken in dem Wasser einweichen.
2. Am nächsten Morgen die Sahne mit dem Honig unter das Müsli rühren. Mit den Nüssen bestreuen.

Hirsebrei Ⓚ

Zubereitungszeit: ca. 40 Min.
ca. 235 kcal/973 kcal

Zutaten für 1 Portion:
25 g Hirse, 150 ml Wasser
1 TL abgeriebene Schale einer unbehandelten Zitrone
2 EL Sahnedickmilch
1 EL ungeschwefelte Rosinen
5 gehackte Mandeln
1 TL Honig
½ TL Zimt

Zubereitung:
1. Die Hirse heiß waschen, mit der Zitronenschale in das Wasser rühren und 20 bis 25 Minuten bei leichter Hitze quellen lassen.
2. Anschließend die Hirse abkühlen lassen und mit der Sahnedickmilch verrühren. Die restlichen Zutaten hinzufügen.

Käsebrötchen Ⓚ

Zubereitungszeit: ca. 5 Min.
ca. 250 kcal/1035 kJ

Zutaten für 1 Portion:
1 Vollkornbrötchen
1 TL Butter
30 g Camembert, 60 % Fett i.Tr.
1 kleiner Bund Schnittlauch

Zubereitung:
Das Brötchen mit Butter bestreichen und mit Käse belegen. Den Schnittlauch schneiden und anschließend darauf verteilen.

Knusperbrot Ⓚ

ZUBEREITUNGSZEIT: CA. 5 MIN.
CA. 214 KCAL/886 KJ

ZUTATEN FÜR 1 PORTION:

1 Scheibe Vollkornbrot (50 g)
1 EL Quark 20 % Fett i.Tr.
1 TL Ahornsirup
1 TL Weizenkleie
1 TL Weizenkeime
1 TL Leinsamen
6 Scheiben Banane, ½ cm dick

ZUBEREITUNG:

1. Das Brot mit dem Quark bestreichen und den Ahornsirup darauf verteilen.
2. Mit dem Messerrücken die Weizenkleie, die Weizenkeime und den Leinsamen leicht in die Quarkmasse drücken und die Bananenscheiben darauf legen.

Vitalbrot Ⓚ

ZUBEREITUNGSZEIT: CA. 5 MIN.
CA. 216 KCAL/894 KJ

ZUTATEN FÜR 1 PORTION:

1 dünne Scheibe Vollkornbrot (40 g)
30 g Doppelrahmfrischkäse
1 kleine Tomate
3 Radieschen
etwas Kräutersalz
1 EL Schnittlauch, fein geschnitten

ZUBEREITUNG:

1. Das Vollkornbrot mit dem Frischkäse bestreichen.
2. Die Tomate und die Radieschen waschen und in dünne Scheiben schneiden. Das Brot damit belegen und mit dem Kräutersalz leicht würzen. Zum Schluß mit dem Schnittlauch garnieren.

Würziges Knäckebrot Ⓚ

ZUBEREITUNGSZEIT: CA. 10 MIN.
CA. 199 KCAL/824 KJ

ZUTATEN FÜR 1 PORTION:

40 g Quark, 20 % Fett i.Tr.
1 EL Mineralwasser
50 g rote Paprikaschote
15 g Bündner Fleisch
2 Scheiben Vollkornknäckebrot
2 EL Schnittlauch, fein geschnitten

ZUBEREITUNG:

1. Den Quark mit dem Mineralwasser verrühren.
2. Die Paprikaschote in feine Streifen schneiden.
3. Das Bündner Fleisch fein würfeln und mit dem Paprika unter den Quark mischen. Auf die Brote streichen und mit dem Schnittlauch bestreuen.

Hirsejoghurt mit Heidelbeeren Ⓚ

ZUBEREITUNGSZEIT: CA. 1/4 STD.
CA. 232 KCAL/960 KJ

ZUTATEN FÜR 1 PORTION:

25 g Hirse, fein gemahlen
90 ml Wasser
1 TL Honig
1/2 TL Zimt
1/2 TL abgeriebene Schale einer unbehandelten Zitrone
75 g Joghurt, 3,5 % Fett
2 EL Heidelbeeren (frisch oder Tiefkühlware)
1 TL Mandelsplitter

ZUBEREITUNG:

1. Die Hirse mit dem Wasser unter Rühren zum Kochen bringen und bei milder Hitze etwa 5 Minuten quellen lassen. Anschließend auf ausgeschalteter Platte noch 5 Minuten nachquellen lassen. Ab und zu umrühren, dann kühl stellen.
2. Mit dem Honig, dem Zimt, der abgeriebenen Zitronenschale abschmecken und den Joghurt unterrühren. Zum Schluß die gewaschenen und gut abgetropften Heidelbeeren unterheben.
3. Den Hirsejoghurt in eine Dessertschale füllen und mit den Mandelsplittern bestreut servieren.

Leichtes für zwischendurch

Beschwipstes Rosinenparfait Ⓔ

QUELLZEIT: CA. 2 STD.
GEFRIERZEIT: CA. 2 STD.
ZUBEREITUNGSZEIT: CA. ½ STD.
CA. 160 KCAL/662 KJ

ZUTATEN FÜR 1 PORTION:

2 EL ungeschwefelte Rosinen
0,2 cl Doppelkorn
100 ml Milch
etwas Vanillemark
1 Eigelb
1 TL Apfeldicksaft
2 EL süße Sahne, 30 % Fett

ZUBEREITUNG:

1. Die gewaschenen Rosinen mit dem Doppelkorn begießen und etwa 2 Stunden ziehen lassen.
2. Die Milch mit dem Vanillemark zum Kochen bringen. Die beschwipsten Rosinen hinzufügen und 10 Minuten ziehen lassen.
3. In der Zwischenzeit das Eigelb mit dem Apfeldicksaft cremig schlagen und unter die Milchmischung geben.
4. Bei niedriger Temperatur rühren, bis die Masse cremig wird. Anschließend unter Rühren erkalten lassen.
5. Die süße Sahne steif schlagen und unter die Creme ziehen. Im Gefrierfach 1 bis 2 Stunden anfrosten lassen.

Erdbeereis Ⓔ

ZUBEREITUNGSZEIT: CA. 10 MIN.
CA. 191 KCAL/791 KJ

ZUTATEN FÜR 1 PORTION:

ca. 200 g tiefgekühlte Erdbeeren
50 g Sahnedickmilch
1 EL Ahornsirup

ZUBEREITUNG:

1. Die Erdbeeren leicht antauen lassen und im Mixer mit der Sahnedickmilch pürieren.
2. Mit dem Ahornsirup süßen.

TIP:

Auch mit tiefgekühlten Himbeeren läßt sich schmackhaftes Eis herstellen.

Früchtemahlzeit Ⓔ

ZUBEREITUNGSZEIT: CA. 10 MIN.
CA. 156 KCAL/646 KJ

ZUTATEN FÜR 1 PORTION:

1 Kiwi
100 g frische Mango
100 g Joghurt, 3,5 % Fett
1 TL Ahornsirup
1 TL Mandelsplitter

ZUBEREITUNG:

1. Die Kiwi und die Mango schälen und in mundgerechte Stücke schneiden.
2. Anschließend mit dem Joghurt mischen, mit dem Ahornsirup süßen und mit den Mandelsplittern bestreuen.

Gefüllte Grapefruit Ⓔ

ZUBEREITUNGSZEIT: CA. 1/4 STD.
CA. 101 KCAL/418 KJ

ZUTATEN FÜR 1 PORTION:

1/2 Grapefruit (die andere Hälfte für den nächsten Tag kühl aufbewahren)
50 g Erdbeeren
1 EL ungeschwefelte Rosinen
1 Msp. Kardamom
1 TL Apfeldicksaft
2 EL Milch
1–2 Minzeblättchen

ZUBEREITUNG:

1. Die Grapefruit halbieren. Das Fruchtfleisch mit einem scharfen Messer herauslösen und kleinschneiden.
2. Die Erdbeeren waschen, entstielen und zerkleinern und mit den Grapefruitwürfeln vermischen.
3. Die Rosinen hinzufügen, mit dem Kardamom würzen und mit dem Apfeldicksaft süßen.
4. Zum Schluß die Milch unterrühren und alles zurück in die Grapefruithälfte füllen.
5. Mit den Minzeblättchen dekorieren und kühl servieren.

Kiwi-Sahne-Sorbet Ⓔ

Gefrierzeit: ca. 2 Std.
Zubereitungszeit: ca. ¼ Std.
ca. 134 kcal/555 kJ

Zutaten für 1 Portion:
2 Kiwis
2 EL süße Sahne, 30 % Fett
1 TL Akazienhonig
einige frische Minzblättchen

Zubereitung:

1. Die Kiwis schälen, 2 schöne Scheiben davon abschneiden und zur Seite legen. Die restlichen Kiwis grob hacken und anschließend durch ein Sieb streichen.
2. Die Sahne steif schlagen, unter das Püree heben und mit dem Akazienhonig süßen.
3. In ein Dessertglas füllen und im Gefrierfach etwa 2 Stunden anfrosten lassen. Zwischendurch umrühren, damit sich keine Kristalle bilden.
4. Vor dem Servieren die 2 Kiwischeiben fächerförmig auf das Sorbet legen und mit den Minzblättchen dekorieren.

Pfirsichkuppel Ⓔ

Zubereitungszeit: ca. 10 Min.
ca. 105 kcal/435 kJ

Zutaten für 1 Portion:
100 g tiefgekühlte Heidelbeeren
1 EL Apfeldicksaft
½ großer, reifer Pfirsich

Zubereitung:

1. Die tiefgefrorenen Heidelbeeren leicht antauen lassen, im Mixer pürieren und mit dem Apfeldicksaft süßen.
2. Das halbgefrorene Heidelbeerpüree auf einen flachen Dessertteller geben und glattstreichen.
3. Den halben Pfirsich schälen, mit der Rundung nach oben in die Mitte des Heidelbeerpürees setzen und das Dessert sofort servieren.

Himbeerflammeri Ⓔ

Kühlzeit: ca. 2 Std.
Zubereitungszeit: ca. 20 Min.
ca. 220 kcal/911 kJ

Zutaten für 1 Portion:

70 ml Milch
1 Msp. Vanillemark
1 EL Apfeldicksaft
1 Dosierlöffel Nestargel
50 g Himbeeren (einige zur Dekoration beiseite legen)
2 EL Quark, 20 % Fett i.Tr.

Zubereitung:

1. Die Milch mit dem Vanillemark zum Kochen bringen.
2. Den Apfeldicksaft unterrühren und mit dem Nestargel binden. Danach etwas abkühlen lassen.
3. Die Himbeeren waschen, mit dem Quark vermischen und unter die Milch rühren.
4. In ein Dessertglas füllen, mit den restlichen Himbeeren dekorieren und für 1 bis 2 Stunden kalt stellen.

Milchshake Ⓔ

Zubereitungszeit: ca. 10 Min.
ca. 169 kcal/699 kJ

Zutaten für 1 Portion:

50 g Erdbeeren
200 ml frische Vollmilch
1 TL Honig

Zubereitung:

1. Die Erdbeeren waschen und von den Stielansätzen befreien.
2. Mit der Milch und dem Honig im Mixer pürieren.

Mangocreme mit Schuß Ⓔ

ZUBEREITUNGSZEIT: CA. 1/4 STD.
CA. 216 KCAL/894 KJ

ZUTATEN FÜR 1 PORTION:

1 Eigelb
1/2 TL abgeriebene Schale einer unbehandelten Zitrone
1/4 TL Kardamom
1 EL Doppelkorn
1 TL Akazienhonig
100 g frische Mango
1 Sahnetupfer

ZUBEREITUNG:

1. Das Eigelb mit der Zitronenschale und dem Kardamom verrühren. Tropfenweise den Doppelkorn unterrühren, mit dem Akazienhonig süßen.
2. Die geschälte Mango im Mixer pürieren, die gewürzte Eigelbsauce hinzugeben und miteinander vermischen.
3. Die Mangocreme in eine Dessertschale füllen und mit einem Sahnetupfer garnieren.

Melonenkugeln mit Zitronensauce Ⓔ

KÜHLZEIT: CA. 2 STD.
ZUBEREITUNGSZEIT: CA. 20 MIN.
CA. 80 KCAL/331 KJ

ZUTATEN FÜR 1 PORTION:

1/2 reife Netz- oder Honigmelone
2 EL Sahnedickmilch
1 EL Zitronensaft
1 Msp. gemahlener Ingwer
1/4 TL gemahlener Zimt

ZUBEREITUNG:

1. Aus der halben Melone Kugeln ausstechen, das restliche Fruchtfleisch herausschaben und pürieren.
2. Das Püree mit der Sahnedickmilch und dem Zitronensaft verrühren und mit den Gewürzen abschmecken.
3. Die Kugeln anrichten, mit Sauce begießen und kühlen.

Orangenquark Ⓔ

ZUBEREITUNGSZEIT: CA. 10 MIN.
CA. 184 KCAL/762 KJ

ZUTATEN FÜR 1 PORTION:

100 g Quark, 20 % Fett i.Tr.
1 EL Zitronensaft
1 TL Ahornsirup
1 kleine Orange
1 TL abgeriebene Schale einer unbehandelten Orange
1 Schuß Mineralwasser
2–3 Minzeblätter

ZUBEREITUNG:

1. Den Quark mit dem Zitronensaft und Sirup verrühren.
2. Die Orange schälen, kleinschneiden und mit der Orangenschale unterrühren.
3. Den Orangenquark zuletzt mit Mineralwasser auflockern und mit Minze bestreuen.

Hüttenkäse mit Obst Ⓔ

ZUBEREITUNGSZEIT: CA. 10 MIN.
CA. 175 KCAL/724 KJ

ZUTATEN FÜR 1 PORTION:

150 g Früchte der Saison
100 g Hüttenkäse

ZUBEREITUNG:

1. Die Früchte säubern, in mundgerechte Stücke schneiden und mit dem Hüttenkäse zusammen servieren.

Vanilleeis mit heißen Himbeeren Ⓔ

GEFRIERZEIT: CA. 3 STD.
ZUBEREITUNGSZEIT: CA. ½ STD.
CA. 271 KCAL/1122 KJ

ZUTATEN FÜR 1 PORTION:

40 ml süße Sahne, 30 % Fett
80 ml Wasser
1 Eigelb
1 Vanilleschote
1 TL Apfeldicksaft
3 EL süße Sahne, 30 % Fett
100 g Himbeeren
1 EL Himbeergeist

ZUBEREITUNG:

1. Die flüssige süße Sahne mit dem Wasser verrühren.
2. Das Eigelb mit der aufgeschlitzten Vanilleschote und dem Apfeldicksaft in das Sahne-Wasser-Gemisch einrühren. In einem Wasserbad bei mäßiger Hitze mit dem Schneebesen so lange schlagen, bis eine dickliche Masse entstanden ist.
3. Die Vanilleschote entfernen und die Sahnecreme auskühlen lassen.
4. Drei Eßlöffel Sahne steif schlagen und unter die abgekühlte Masse geben. In eine Gefrierschale füllen und 2 bis 3 Stunden im Gefrierfach gefrieren lassen.
5. Anschließend die Himbeeren mit dem Himbeergeist in einem kleinen Pfännchen erhitzen und über das Vanilleeis geben.

Sauerkirschsuppe Ⓔ

KÜHLZEIT: CA. 1 STD.
ZUBEREITUNGSZEIT: CA. ½ STD.
CA. 130 KCAL/538 KJ

ZUTATEN FÜR 1 PORTION:

100 g Sauerkirschen
150 ml Wasser
2 EL Birnendicksaft
1–2 Dosierlöffel Nestargel
2 EL Buttermilch

ZUBEREITUNG:

1. Die Kirschen waschen, entsteinen und in einen Topf geben. Mit Wasser auffüllen und mit dem Dicksaft süßen.
2. Zugedeckt bei kleiner Hitze 10 bis 15 Minuten köcheln lassen.
3. Die Suppe leicht verschlagen, mit dem Nestargel binden und kalt stellen.
4. Kurz vor dem Servieren die Buttermilch locker unterheben.

Tortenbiskuit mit Erdbeersahne Ⓔ

ZUBEREITUNGSZEIT: CA. 1¼ STD.
PRO STÜCK CA. 123 KCAL/511 KJ

ZUTATEN FÜR 1 TORTE (12 STÜCKE):

FÜR DEN BISKUIT:
2 EL Quark, 10 % Fett i.Tr.
2 EL Apfeldicksaft
2 Eigelb
1 EL Sojamehl
3 Eiweiß

FÜR DEN BELAG:
300 g Erdbeeren
3 EL Apfeldicksaft
250 g Quark, 10 % Fett i.Tr.
250 ml süße Sahne, 30 % Fett
8–10 Dosierlöffel Nestargel

ZUBEREITUNG:

1. Den Quark mit dem Apfeldicksaft und den Eigelben schaumig verrühren und das Sojamehl hinzufügen.
2. Anschließend die Eiweiße schnittfest schlagen und vorsichtig unter die Quarkmasse heben.
3. Den Teig in eine gut eingefettete Springform mit 26 cm Durchmesser geben und etwa 30 Minuten bei 140 bis 150 °C backen.
4. Nach dem Auskühlen den Teig vom Blech lösen, aber in der Form lassen.
5. Für den Belag die Erdbeeren waschen, putzen und ein paar schöne Früchte zur Dekoration beiseite legen. Die restlichen Beeren mit einer Gabel zerdrücken und mit dem Apfeldicksaft süßen.
6. Anschließend den Quark mit den Erdbeeren verrühren. Die süße Sahne steif schlagen und unterheben.
7. Zum Schluß das Nestargel einrühren. Die Erdbeersahne auf dem Biskuitteig verteilen und mit den restlichen Erdbeeren verzieren.
8. Für etwa 2 Stunden kalt stellen und die Torte dann in 12 Stücke geteilt servieren.

Heidelbeerquark (N)

Zubereitungszeit: ca. 10 Min.
ca. 181 kcal/749 kJ

Zutaten für 1 Portion:
- 50 g Heidelbeeren
- 100 g Quark, 20 % Fett
- 1 TL Honig

Zubereitung:
1. Die Heidelbeeren säubern, mit einer Gabel zerdrücken.
2. Den Quark locker untermischen und mit dem Honig süßen.

Aprikosenjoghurt (K)

Quellzeit: ca. 2 Std.
Zubereitungszeit: ca. 10 Min.
ca. 207 kcal/857 kJ

Zutaten für 1 Portion:
- 4 halbe getrocknete ungeschwefelte Aprikosen
- 5 EL lauwarmes Wasser
- 1 EL Vollkornhaferflocken
- 100 g Joghurt, natur 3,5 % Fett
- 1 TL Honig
- 1/4 TL Carobe

Zubereitung:
1. Die Aprikosen in kleine Stücke schneiden, in ein Dessertglas füllen und mit dem lauwarmen Wasser bedecken. Anschließend mindestens 2 Stunden zum Quellen stehenlassen.
2. Danach die Haferflocken und den Joghurt unterrühren. Nach Belieben mit dem Honig süßen.
3. Mit dem Carobe zart überstäuben.

Bananensuppe Ⓚ

Zubereitungszeit: ca. ½ Std.
ca. 169 kcal/699 kJ

Zutaten für 1 Portion:

½ kleine Zwiebel
1 TL Butter
½ Knoblauchzehe
½ TL Curry
1 kleine Banane
200 ml Wasser
1 TL vegetarische Gemüsebrühe (Trockenprodukt)
1 EL süße Sahne, 30 % Fett
1–2 Dosierlöffel Nestargel
¼ TL Pistazien

Zubereitung:

1. Die Zwiebel in sehr feine Würfel schneiden. Die Butter in einer Kasserolle schmelzen lassen und die Zwiebel mit dem gepreßten Knoblauch darin glasig dünsten. Mit dem Currypulver überstäuben.
2. Die Banane schälen, in etwa 1 cm dicke Scheiben schneiden und kurz darin erhitzen.
3. Mit dem Wasser auffüllen, mit der Gemüsebrühe würzen und durchkochen lassen.
4. Die Suppe im Mixer pürieren, mit der Sahne abrunden und mit dem Nestargel andicken. Mit den Pistazien bestreut in einer Suppentasse heiß servieren.

Bananeneis Ⓚ

Gefrierzeit: ca. 2 Std.
Zubereitungszeit: ca. 10 Min.
ca. 160 kcal/662 kJ

Zutaten für 1 Portion:

1 vollreife Banane
1 TL Apfeldicksaft
2 EL Sahnedickmilch
1 Sahnetupfer

Zubereitung:

1. Die Banane schälen und etwa 2 Stunden im Gefrierfach frosten.
2. Anschließend mit dem Apfeldicksaft und der Sahnedickmilch im Mixer pürieren.
3. Die cremige Masse in ein Dessertglas geben, mit einem Sahnetupfer dekorieren und sofort servieren.

Banane mit Sahne (K)

Zubereitungszeit: ca. 1/4 Std.
ca. 196 kcal/811 kJ

Zutaten für 1 Portion:
- 1 vollreife Banane
- 1 TL Butter
- 1 TL Mandelblättchen
- 2 EL süße Sahne, 30 % Fett

Zubereitung:
1. Die Banane schälen und der Länge nach halbieren.
2. Die Butter in einer Pfanne schmelzen lassen, die Banane hineingeben und kurz braten.
3. Die Mandelblättchen dazugeben und kurz mitrösten.
4. Die Banane auf einem Dessertteller anrichten, mit der geschlagenen Sahne garnieren und mit den Mandelblättchen bestreut servieren.

Bananencreme (K)

Zubereitungszeit: ca. 10 Min.
pro Portion ca. 130 kcal/538 kJ

Zutaten für 2 Portionen:
- 1 Banane
- 75 g Quark, 20 % Fett
- 2 EL Sanddornsaft
- 1 TL Apfeldicksaft

Zubereitung:
1. Die Banane mit einer Gabel zerdrücken und mit dem Quark und dem Sanddorn verrühren.
2. Mit dem Apfeldicksaft süßen. Die Bananencreme in Schälchen füllen und kühl servieren.

Joghurt mit Sanddorn Ⓚ

ZUBEREITUNGSZEIT: CA. 5 MIN.
CA. 120 KCAL/497 KJ

ZUTATEN FÜR 1 PORTION:
1 TL Honig
1 EL Sanddornsaft
100 g Joghurt, natur, 3,5 % Fett

ZUBEREITUNG:

1. Den Honig gleichmäßig mit dem Sanddorn verrühren und anschließend mit dem Joghurt vermischen.
2. In ein Dessertglas füllen und kühl servieren.

Vanillecreme Ⓚ

ZUBEREITUNGSZEIT: CA. ½ STD.
PRO PORTION CA. 225 KCAL/913 KJ

ZUTATEN FÜR 3 PORTIONEN:
¼ l Wasser
50 g Weizen, fein gemahlen
1 Vanilleschote
1 Eigelb
2 EL Honig
100 ml süße Sahne, 30 % Fett
3 TL Heidelbeeren

ZUBEREITUNG:

1. Das Wasser in einen Topf füllen und mit dem feingemahlenen Vollkornmehl verrühren. Kurz aufkochen und abkühlen lassen.
2. Die Vanilleschote längs aufschlitzen und das Mark herauskratzen. Zusammen mit dem Eigelb und dem Honig zu der abgekühlten Creme geben.
3. Die Sahne steif schlagen und vorsichtig darunterheben. Die Creme in 3 Dessertgläser füllen und mit den Heidelbeeren verzieren.

TIP:
Sie können nach diesem Rezept auch leicht eine Schokoladencreme zubereiten, indem Sie statt der Vanilleschote einen gehäuften Teelöffel Carobe zugeben.

Heidelbeertorte (K)

ZUBEREITUNGSZEIT: CA. 1½ STD.
PRO STÜCK 186 KCAL/770 KJ

ZUTATEN FÜR 1 TORTE (16 STÜCKE):

FÜR DEN TEIG:
150 g Weizenmehl, fein geschrotet
1 Eigelb
75 g Butter
1 TL Honig
2 EL Wasser

FÜR DEN BELAG:
6 Blatt weiße Gelatine
250 g süße Sahne, 30 % Fett
500 g Quark, 20 % Fett
100 g frische Heidelbeeren
3 EL Apfeldicksaft

FÜR DEN GUSS:
250 g Heidelbeeren
¼ l Wasser
½ TL Agar-Agar (4 g) oder ein Päckchen Tortenguß (ohne Farbstoff und Zucker)
1 EL Apfeldicksaft

ZUBEREITUNG:

1. Alle Zutaten für den Mürbeteig rasch miteinander verkneten.
2. Eine Springform von 26 cm Durchmesser einfetten, den Boden mit dem Teig gleichmäßig auslegen und für etwa 30 Minuten kalt stellen.
3. Anschließend bei 180 °C etwa 10 Minuten backen. Nach dem Auskühlen den Teig vom Blech lösen, aber in der Form lassen.
4. Die Gelatine etwa 10 Minuten in reichlich kaltem Wasser quellen lassen. Herausnehmen, gut abtropfen und in einem Kochtopf bei milder Hitze unter Rühren flüssig werden lassen.
5. In der Zwischenzeit die süße Sahne steif schlagen und mit dem Quark, den Heidelbeeren und dem Apfeldicksaft verrühren.
6. Langsam die flüssige Gelatine hinzufügen und die Quark-Sahne-Creme auf dem ausgekühlten Teig verteilen.
7. Die gewaschenen Heidelbeeren kurz in Wasser schwenken, in ein Sieb geben und den Saft auffangen.
8. Etwa 50 ml von diesem lila gefärbten Wasser in eine Tasse geben und das Agar-Agar (Tortenguß) hineinrühren.
9. Den restlichen Saft erhitzen, nicht kochen, und mit dem Apfeldicksaft süßen. Die Flüssigkeit von der Kochstelle nehmen und das Agar-Agar (Tortenguß) unterrühren, nochmals kurz erhitzen und abkühlen lassen.
10. Die Heidelbeeren auf der Sahne-Quark-Masse verteilen und den Guß lauwarm darübergießen. Für etwa 2 Stunden kalt stellen. Die Torte in 16 Stücke zerteilt servieren.

Kartoffelkuchen Ⓚ

ZUBEREITUNGSZEIT: CA. 1½ STD.
PRO STÜCK CA. 192 KCAL/798 KJ

ZUTATEN FÜR 1 KUCHEN (12 STÜCKE):

400 g Kartoffeln
18 g Weinsteinbackpulver
70 g Kartoffelmehl
3 Eigelb
200 g Ahornsirup oder Honig (etwa 1 EL zurückbehalten für den Belag)
1 EL Quark
1 TL abgeriebene Schale einer unbehandelten Zitrone
50 g Rosinen
100 g gemahlene Haselnüsse
15 g Zimt, 1 EL Rum
1 TL ungehärtetes Pflanzenfett (zum Einfetten der Form)
1 EL Kokosraspeln
1 EL Ahornsirup oder Honig

ZUBEREITUNG:

1. Die Kartoffeln waschen und mit der Schale in wenig Wasser garen, anschließend abpellen und zu einem glatten Brei zerstampfen.
2. Das Weinsteinbackpulver mit dem Kartoffelmehl mischen und zu den gestampften Kartoffeln geben.
3. Die Eigelbe mit dem Ahornsirup (Honig) schaumig schlagen. Danach den Quark, die abgeriebene Zitronenschale, die Rosinen, die Haselnüsse, den Zimt und den Rum hinzufügen und gut vermischen.
4. Die Kartoffelmasse hinzufügen und alles miteinander verrühren. Den Teig in eine gefettete Springform von 26 cm Durchmesser verteilen und bei 150 °C etwa 45 Minuten backen.
5. Die Kokosraspeln in einer Pfanne ohne Fett leicht rösten. Den noch warmen Kuchen mit dem Ahornsirup oder Honig bestreichen und die gerösteten Kokosraspeln darauf verteilen. Den Kartoffelkuchen auskühlen lassen und in 12 Stücke geteilt servieren.

Philadelphiatorte Ⓚ

ZUBEREITUNGSZEIT: CA. 1 STD.
PRO STÜCK CA. 275 KCAL/1139 KJ

ZUTATEN FÜR 1 TORTE (12 STÜCKE):

FÜR DEN BODEN:
250 g Vollkornzwieback
125 g weiche Butter, 1 EL Honig

FÜR DEN BELAG:
6 Blatt weiße Gelatine
150 g Doppelrahmfrischkäse
150 g Quark, 10 % Fett
60 g Honig
2 TL abgeriebene Zitronenschale
200 g süße Sahne, 30 % Fett

ZUBEREITUNG:

1. Den Zwieback fein zerkrümeln oder reiben. Die Butter sehr weich werden lassen und mit dem Honig gut verrühren.
2. Die Zwiebackkrümel hinzufügen und zu einem Teig verkneten. 3/4 davon auf dem Boden einer Springform mit 26 cm Durchmesser verteilen und fest andrücken.
3. Die Gelatine in Wasser 10 Minuten quellen lassen.
4. In der Zwischenzeit den Frischkäse mit dem Quark, dem Honig und der Zitronenschale verrühren.
5. Die Sahne schlagen und unter die Masse heben.
6. Die Gelatine gut abtropfen lassen und bei geringer Hitze schmelzen und unter die Quark-Sahne-Creme rühren.
7. Die Creme auf dem Boden verteilen. Den restlichen Teig darüberstreuen. Die Torte kalt stellen.

Paprika-Quark-Brot Ⓚ

ZUBEREITUNGSZEIT: CA. 1/4 STD.
CA. 117 KCAL/484 KJ

ZUTATEN FÜR 1 PORTION:

1/2 rote Paprikaschote
50 g Quark, 20 % Fett i.Tr.
1/4 TL Kräutersalz
1 Scheibe Vollkornknäckebrot
1/3 TL Rosenpaprika

ZUBEREITUNG:

1. Die Paprikaschote waschen und sehr fein schneiden.
2. Den Quark mit Salz und Paprikastreifen mischen.
3. Die Quarkmasse auf dem Knäckebrot verteilen und mit Paprikapulver bestreuen.

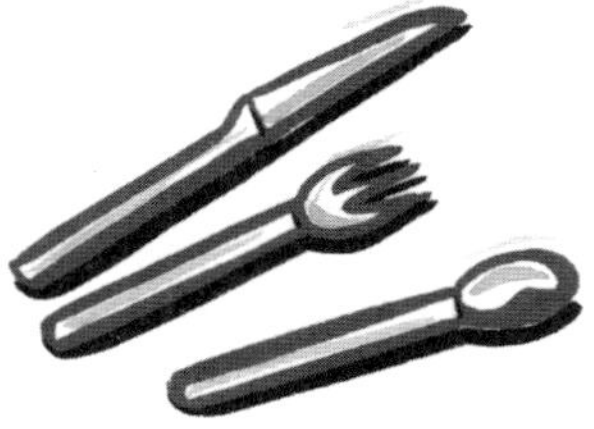

Kümmelstangen Ⓚ

ZUBEREITUNGSZEIT: CA. ½ STD.
KÜHLZEIT: CA. 1 STD.
PRO STANGE CA. 46 KCAL/191 KJ

ZUTATEN FÜR 15 STANGEN:

120 g feines Weizenvollkornmehl
1 TL Weinsteinbackpulver
1 TL Kräutersalz
2 EL Sonnenblumenöl
100 g Joghurt, 3,5 % Fett
2 EL Kümmel

ZUBEREITUNG:

1. Das Mehl mit Backpulver und Salz mischen.
2. Mit dem Sonnenblumenöl und dem Joghurt zu einem glatten Teig verkneten.
3. Den Teig in 15 gleich große Stücke teilen und diese in etwa 10 cm lange Stangen rollen. Dann in dem Kümmel wälzen.
4. Zugedeckt im Kühlschrank etwa 1 Stunde ruhen lassen. Die Stangen auf ein gefettetes Blech legen und im vorgeheizten Backofen bei 180 °C etwa 18 Minuten backen.

Pikante Käsetaler Ⓚ

ZUBEREITUNGSZEIT: CA. ½ STD.
KÜHLZEIT: CA. 1 STD.
PRO STÜCK CA. 35 KCAL/148 KJ

ZUTATEN FÜR 35 TALER:

120 g feines Weizenvollkornmehl
70 g milder Blauschimmelkäse
50 g Butter
50 g süße Sahne, 10 % Fett
1 Eigelb, 1 EL Wasser
Kümmel, Sesam oder Mohn

ZUBEREITUNG:

1. Das Mehl mit dem Käse, der Butter und der Sahne zu einem geschmeidigen Teig kneten.
2. Den Teig auf einer bemehlten Fläche zu einer Rolle von etwa 3 cm Durchmesser formen und etwa 1 Stunde im Kühlschrank ruhen lassen.
3. Anschließend die Rolle in 35 Scheiben schneiden und diese auf ein gefettetes Backblech legen.
4. Das Eigelb mit dem Wasser verquirlen und die Taler damit bestreichen. Nach Belieben mit dem Kümmel, Sesam oder Mohn bestreuen.
5. Im vorgeheizten Backofen bei 180 °C etwa 18 Minuten backen, dann abgekühlt servieren.

Köstliche Vorsuppen

Tomatencremesuppe Ⓔ

ZUBEREITUNGSZEIT: CA. 1/2 STD.
CA. 112 KCAL/464 KJ

ZUTATEN FÜR 1 PORTION:

400 g Tomaten
1 Knoblauchzehe
1/8 l Wasser
1/2 TL vegetarische Gemüsebrühe (Trockenprodukt)
1/4 TL Kräuter der Provence
1/4 TL Oregano
2 EL Sahnedickmilch
1–2 Dosierlöffel Nestargel
1 EL feingehackte Petersilie

ZUBEREITUNG:

1. Die Tomaten waschen, vierteln und zusammen mit der Knoblauchzehe und dem Wasser 10 bis 15 Minuten dünsten. Anschließend durch ein Sieb streichen.
2. Mit der vegetarischen Gemüsebrühe, Kräutern der Provence und dem Oregano würzen.
3. Die Sahnedickmilch mit dem Schneebesen unterrühren und mit dem Nestargel binden.
4. Zum Schluß die feingehackte Petersilie darüberstreuen und die Suppe heiß servieren.

Bouillon mit Eierwölkchen Ⓔ

ZUBEREITUNGSZEIT: CA. 1/4 STD.
CA. 88 KCAL/364 KJ

ZUTATEN FÜR 1 PORTION:

200 ml Wasser
1 TL vegetarische Gemüsebrühe (Trockenprodukt)
1 kleines Ei
1 TL feingehackte Petersilie
1 TL Schnittlauch geschnitten

ZUBEREITUNG:

1. Das Wasser mit der Brühe aufkochen lassen.
2. In der Zwischenzeit das Ei mit den Kräutern verquirlen und unter ständigem Rühren langsam in die Brühe einlaufen lassen.

Knoblauchsuppe Ⓝ

ZUBEREITUNGSZEIT: CA. 20 MIN.
CA. 105 KCAL/435 KJ

ZUTATEN FÜR 1 PORTION:

1 Zwiebel
1 TL Butter
¼ l Wasser
2 zerdrückte Knoblauchzehen
½ TL vegetarische Gemüsebrühe (Trockenprodukt)
2 EL Sahnedickmilch
1–2 Dosierlöffel Nestargel
1 EL gehackte Petersilie

ZUBEREITUNG:

1. Die Zwiebel fein hacken und in der Butter glasig dünsten. Mit dem Wasser auffüllen und Knoblauch zugeben.
2. Mit der Gemüsebrühe abschmecken und dann etwa 10 Minuten köcheln lassen.
3. Anschließend die Sahnedickmilch unterrühren, mit dem Nestargel binden und mit der Petersilie bestreuen.

Feine Blumenkohlsuppe Ⓝ

ZUBEREITUNGSZEIT: CA. ½ STD.
CA. 94 KCAL/389 KJ

ZUTATEN FÜR 1 PORTION:

200 g Blumenkohl
300 ml Wasser
1 geh. TL vegetarische Gemüsebrühe (Trockenprodukt)
½ TL Paprika, edelsüß
2 EL Sahnedickmilch
1 EL feingehackte Petersilie

ZUBEREITUNG:

1. Den Blumenkohl putzen, waschen und in kleine Röschen teilen.
2. Das Wasser mit der Gemüsebrühe mischen und das Gemüse 15 bis 18 Minuten darin garen. Anschließend im Mixer oder mit dem Pürierstab pürieren.
3. Mit dem Paprikapulver abschmecken und dann mit der Sahnedickmilch verfeinern.
4. Zum Schluß die feingehackte Petersilie darüberstreuen und anrichten.

Zucchinisuppe Ⓝ

ZUBEREITUNGSZEIT: CA. 1/2 STD.
CA. 199 KCAL/842 KJ

ZUTATEN FÜR 1 PORTION:

400 g Zucchini
1 Zwiebel
1 TL Butter
1/2 l Wasser
1 EL vegetarische Gemüsebrühe (Trockenprodukt)
1 Knoblauchzehe
je 1 Msp. Muskatnuß und Curry
50 ml süße Sahne, 10 % Fett

ZUBEREITUNG:

1. Die Zucchini fein raspeln.
2. Die Zwiebel schälen, würfeln und dann in der zerlassenen Butter glasig dünsten.
3. Die Zucchini dazugeben, mit Wasser auffüllen und mit der Brühe würzen. Bei leichter Hitze 10 bis 15 Minuten köcheln lassen.
4. Mit der gepreßten Knoblauchzehe und mit der süßen Sahne verfeinern.

Champignoncremesuppe Ⓝ

ZUBEREITUNGSZEIT: CA. 1/2 STD.
CA. 125 KCAL/517 KJ

ZUTATEN FÜR 1 PORTION:

1 Schalotte
1 TL Butter
200 g Champignons
1 TL vegetarische Gemüsebrühe (Trockenprodukt)
1/2 gepreßte Knoblauchzehe
1/4 TL Thymian
1 EL saure Sahne
1–2 Dosierlöffel Nestargel
1 EL feingehackte Petersilie

ZUBEREITUNG:

1. Die Schalotte putzen, fein hacken und in der Butter leicht dünsten.
2. Die Champignons unter fließendem Wasser säubern und feinblättrig aufschneiden.
3. Zu den Schalotten geben, mit wenig Wasser auffüllen und mit der vegetarischen Gemüsebrühe würzen.
4. Nach Belieben mit dem Knoblauch und dem Thymian würzen. Bei geringer Hitze zugedeckt etwa 15 Minuten köcheln lassen.
5. Anschließend im Mixer oder mit dem Pürierstab pürieren, die saure Sahne unterrühren und mit Nestargel binden.
6. Mit der gehackten Petersilie bestreut servieren.

Apfel-Zwiebel-Gratin „Delikat“ Ⓔ

ZUBEREITUNGSZEIT: CA. 1 STD.
CA. 388 KCAL/1606 KJ

ZUTATEN FÜR 1 PORTION:

200 g süßliche Äpfel
2 EL Zitronensaft
200 g rote Zwiebeln
1 EL ungeschwefelte Rosinen
50 ml süße Sahne, 30 % Fett
1/4 TL Meersalz
1 Msp. Cayennepfeffer
60 g Mozzarella

ZUBEREITUNG:

1. Die Äpfel vierteln, schälen, entkernen, in feine Spalten schneiden und mit dem Zitronensaft beträufeln.
2. Die Zwiebeln schälen und in dünne Ringe schneiden.
3. Die Äpfel mit den Zwiebeln und den Rosinen in eine Auflaufform geben und schichten.
4. Anschließend die Sahne mit dem Salz und dem Cayennepfeffer abschmecken und über das Apfel-Zwiebel-Gemisch gießen.
5. Den Mozzarella darüberflocken und im Backofen bei 200 °C etwa 45 Minuten überbacken. Sollte die Oberfläche zu braun werden, decken Sie sie mit Alufolie ab.

Frikadellen Ⓔ

ZUBEREITUNGSZEIT: CA. 20 MIN.
CA. 367 KCAL/1519 KJ

ZUTATEN FÜR 1 PORTION:

100 g Rinderhackfleisch
50 g Quark, 20 % Fett
1 Eigelb
1 TL Kräutersalz
1 gehackte Zwiebel
2 EL feingehackte Kräuter
2 TL ungehärtetes Pflanzenfett

ZUBEREITUNG:

1. Das Rinderhackfleisch in eine Schüssel geben. Mit dem Quark, dem Eigelb, dem Kräutersalz, der gehackten Zwiebel und den gehackten Kräutern vermischen.
2. Aus dem Fleischteig zwei Frikadellen formen und in dem Fett von beiden Seiten braten. Essen Sie dazu etwa 400 g Tomatensalat.

Auberginen-Tomaten-Gratin ⓔ

ZUBEREITUNGSZEIT: CA. 1¼ STD.
CA. 453 KCAL/1875 KJ

ZUTATEN FÜR 1 PORTION:

1 mittelgroße Aubergine
Meersalz zum Bestreuen
¼ l Wasser
1 TL vegetarische Gemüsebrühe (Trockenprodukt)
4 Tomaten, 2 Eier
180 ml Milch
1 TL Kräutersalz
1 TL Basilikum
1 TL Oregano
1–2 Knoblauchzehen
30 g geriebener Käse
1 EL gehackte Petersilie

ZUBEREITUNG:

1. Die Aubergine waschen, den Stielansatz entfernen und die Frucht in Scheiben schneiden. Mit Meersalz bestreuen und 20 Minuten ziehen lassen.
2. Anschließend die Scheiben mit Küchenkrepp trockentupfen. Wasser mit der Gemüsebrühe mischen und die Auberginen darin 15 Minuten garen.
3. Die Auberginenscheiben in eine Auflaufform schichten.
4. Die Tomaten kurz mit kochendem Wasser überbrühen, kalt abschrecken und die Haut abziehen. Ebenfalls in Scheiben schneiden und schuppenförmig auf die Auberginen legen.
5. Die Eier mit der Milch verquirlen und mit dem Kräutersalz, dem Basilikum, dem Oregano und dem gepreßten Knoblauch würzen.
6. Die Eiermilch über den Auflauf gießen und mit dem geriebenen Käse bestreuen.
7. In dem auf 180 °C vorgeheizten Backofen etwa 30 Minuten überbacken, bis die Eiermilch gestockt ist. Mit der gehackten Petersilie bestreut servieren.

Heilbutt in Gemüsesauce Ⓔ

ZUBEREITUNGSZEIT: CA. 1 STD.
CA. 496 KCAL/2053 KJ

ZUTATEN FÜR 1 PORTION:

200 g Heilbutt
1 EL Zitronensaft
½ TL Kräutersalz
200 g frische Champignons
1 TL Butter
1 Zwiebel
300 g Tomaten
200 g Karotten
100 ml Wasser
50 g saure Sahne
1 TL vegetarische Gemüsebrühe (Trockenprodukt)
2 EL feingehackte Petersilie

ZUBEREITUNG:

1. Den Heilbutt mit dem Zitronensaft beträufeln, leicht salzen und im Kühlschrank kurze Zeit stehen lassen.
2. In der Zwischenzeit die Champignons putzen, waschen und feinblättrig schneiden. Die Butter in einem Topf schmelzen lassen und die Champignons bei mittlerer Hitze anbraten.
3. Die Zwiebel schälen und in feine Ringe schneiden. Die Tomaten nach Belieben enthäuten und zerkleinern. Die Karotten abschaben, längs vierteln und in Würfel schneiden.
4. Die Zwiebelringe, die Tomaten und die Karotten zu den Champignons geben, mit dem Wasser auffüllen und zugedeckt 15 bis 20 Minuten gar dünsten.
5. Den Heilbutt mit Küchenkrepp abtupfen und auf das Gemüse legen. 6 bis 8 Minuten köchelnd ziehen lassen.
6. Anschließend den Fisch mit einem Schaumlöffel vorsichtig herausnehmen und auf einer vorgewärmten Platte zugedeckt warmhalten.
7. Die Sahne mit der Champignon-Gemüse-Mischung verrühren und mit der vegetarischen Gemüsebrühe abschmecken. Mit der gehackten Petersilie bestreuen und zusammen mit dem Heilbutt servieren.

TIP:

Bedenken Sie bei der Zubereitung von Fisch immer die Regel der drei „S“: säubern – säuern – salzen.

Krabbencocktail E

ZUBEREITUNGSZEIT: CA. 3/4 STD.
CA. 397 KCAL/1643 KJ

ZUTATEN FÜR 1 PORTION:

1 kleiner Kopfsalat
50 g Feldsalat
1/2 Salatgurke
100 g frische Champignons
1 Orange, 1 Schalotte
1 EL Zitronensaft
1 TL Sonnenblumenöl
3 EL Brottrunk
2 EL Sahnedickmilch
1 Bund Dill, gehackt
1 Knoblauchzehe
1/2 TL Kräutersalz
1 Msp. Cayennepfeffer
200 g Krabben

ZUBEREITUNG:

1. Den Kopfsalat putzen, waschen, sorgfältig trocknen und eine Salatschüssel damit auslegen.
2. Den Feldsalat waschen und verlesen, die Salatgurke schälen und in kleine Würfel schneiden. Beides in eine zweite Salatschüssel geben.
3. Die Champignons waschen und in dünne Scheiben schneiden. Die Orange mit einem scharfen Messer schälen und die weiße Haut entfernen. Anschließend in kleine Stücke teilen.
4. Die Schalotte putzen, in feine Ringe schneiden und zusammen mit den Orangenstückchen und den Champignons zu dem Feldsalat und der Salatgurke geben.
5. Aus dem Zitronensaft, dem Sonnenblumenöl, dem Brottrunk und der Sahnedickmilch eine Sauce rühren.
6. Mit dem gehackten Dill, der gepreßten Knoblauchzehe, dem Kräutersalz und dem Cayennepfeffer abschmecken.
7. Diese Sauce über den gemischten Salat gießen, alles zusammen vorsichtig mischen und in der mit Salatblättern ausgelegten Schüssel anrichten.
8. Die gesäuberten Krabben dekorativ auf den Salat geben.

Forelle blau (E)

Zubereitungszeit: ca. 3/4 Std.
ca. 182 kcal/753 kJ

Zutaten für 1 Portion:

1 Karotte
1 Zwiebel
1 1/4 l Wasser
1 Lorbeerblatt
1 TL Zitronensaft
1 Forelle (220–250 g)
1 EL Zitronensaft
1 TL Kräutersalz

Zubereitung:

1. Die Karotte und die Zwiebel schälen und zerkleinern. Das Wasser zum Kochen bringen und das zerkleinerte Gemüse hinzufügen.
2. Das Lorbeerblatt dazugeben und alles mit 1 EL Zitronensaft säuerlich abschmecken. Etwa 20 Minuten kochen lassen.
3. In der Zwischenzeit die Forelle ausnehmen und sorgfältig waschen. Dabei die umgebende Schleimhaut nicht verletzen.
4. Anschließend mit dem Zitronensaft beträufeln und mit dem Kräutersalz leicht würzen.
5. Den kochenden Sud vom Feuer nehmen und die Forelle hineingleiten lassen. Bei abgeschalteter Platte 8 bis 10 Minuten garen, nicht mehr kochen lassen. Mit 400 g Gemüse oder Rohkost ergänzen.

Wurstsalat (E)

Zubereitungszeit: ca. 1/2 Std.
ca. 474 kcal/1962 kJ

Zutaten für 1 Portion:

1 grüne Paprikaschote
150 g Möhren
1 rote Zwiebel
100 g Radieschen
2 Tomaten
100 g Geflügelwurst

Für die Sauce:

3 EL Obstessig
1 TL Sonnenblumenöl
1/2 TL Kräutersalz
1/2 TL Apfeldicksaft
1 TL gehackte Petersilie

Zubereitung:

1. Die Paprikaschote von den Kernen befreien und in feine Streifen schneiden. Die Möhren schälen und fein stifteln.
2. Die Zwiebel, die Radieschen und die gesäuberten Tomaten in feine Ringe schneiden und alles mischen.
3. Die Geflügelwurst in kleine Würfel schneiden und ebenfalls zum Salat geben.
4. Aus dem Obstessig, dem Sonnenblumenöl, dem Kräutersalz und dem Apfeldicksaft eine Sauce rühren und mit dem Wurstsalat vermengen.
5. Kurze Zeit durchziehen lassen und mit der Petersilie bestreut servieren.

Grüner Salat mit Sellerie-Ei-Happen Ⓔ

ZUBEREITUNGSZEIT: CA. 50 MIN.
CA. 458 KCAL/1896 KJ

ZUTATEN FÜR 1 PORTION:

1 kleiner Kopfsalat (150 g)
1 kleine Sellerieknolle (200 g)
⅓ Salatgurke (100 g)
100 ml Sahnedickmilch
1 EL Zitronensaft
1 Msp. Cayennepfeffer
1–2 Knoblauchzehen
1 TL Kräutersalz
2 hartgekochte Eier
1 TL Sesam

ZUBEREITUNG:

1. Die Salatblätter waschen, gut abtropfen lassen und einen Teller damit auslegen.
2. Die Sellerieknolle waschen und in reichlich Wasser 20 bis 25 Minuten garen. Anschließend abkühlen lassen, schälen und in kleine Würfel schneiden.
3. Die Gurke in 1 cm große Würfel schneiden.
4. Die Sahnedickmilch mit dem Zitronensaft, Cayennepfeffer, dem gepreßten Knoblauch und dem Kräutersalz verrühren, mit dem Sellerie und der Gurke mischen und auf dem Salat anrichten.
5. Die Eier pellen, vierteln und auf dem Salat rundherum nach Belieben dekorativ anrichten.
6. In der Zwischenzeit den Sesam in einer Pfanne ohne Fett kurz anrösten und über den Salat streuen. Dann sofort servieren.

TIP:
Wenn Sie die Salatgurke mit Schale verwenden möchten, waschen Sie sie vorher sorgfältig ab.

Geflügelsalat Ⓔ

ZUBEREITUNGSZEIT: CA. 35 MIN.
CA. 452 KCAL/1871 KJ

ZUTATEN FÜR 1 PORTION:

150 g gegartes Hühnerfleisch
100 g roher Sellerie
125 g frische Champignons
200 g Eisbergsalat
1 Fleischtomate
1 Scheibe frische Ananas

FÜR DIE SAUCE:
1 TL Sonnenblumenöl
30 ml Brottrunk
2 EL Sahnedickmilch
1/2 TL vegetarische Gemüsebrühe (Trockenprodukt)
1 TL Apfeldicksaft
1/2 TL gemahlener Rosmarin
1/2 TL Estragon
1/2 TL Rosenpaprika

ZUBEREITUNG:

1. Das Hühnerfleisch in Streifen, den Sellerie in sehr feine Stifte schneiden. Die Champignons putzen und in kleine Stücke hacken.
2. Den Eisbergsalat, die Tomate und die frische Ananas in kleine Stücke teilen und zusammen mit dem Hühnerfleisch, den Selleriestiften und den Champignons vermischen.
3. Aus dem Sonnenblumenöl, dem Brottrunk, der Sahnedickmilch, der vegetarischen Brühe und dem Apfeldicksaft eine Sauce rühren.
4. Mit dem Rosmarin und dem Estragon abschmecken und mit dem Salat vermengen. Zuletzt mit dem Rosenpaprika bestäuben und anschließend kühl servieren.

Eiersalat Ⓔ

ZUBEREITUNGSZEIT: CA. ½ STD.
CA. 394 KCAL/1631 KJ

ZUTATEN FÜR 1 PORTION:

2 hartgekochte Eier
1 Apfel
½ Salatgurke
2 Tomaten
1 Zwiebel

FÜR DIE SAUCE:
3 EL Brottrunk
3 EL süße Sahne, 30 % Fett
1 TL Kräutersalz
2 EL Schnittlauch, fein geschnitten
½ TL Liebstöckel, gerebelt
½ TL Rosenpaprika
1 EL feingehackter Dill

ZUBEREITUNG:

1. Die Eier pellen und in Scheiben schneiden.
2. Den Apfel waschen, vom Kerngehäuse befreien und in kleine Schnitze teilen.
3. Die Gurke schälen und hobeln und die gewaschenen Tomaten in dünne Scheiben schneiden.
4. Die geschälte Zwiebel klein würfeln, alles mischen.
5. Für die Sauce den Brottrunk, die süße Sahne, Kräutersalz, den feingeschnittenen Schnittlauch miteinander verrühren und über den Eiersalat geben.
6. Mit dem Liebstöckel und dem Rosenpaprika abschmecken. Zum Schluß mit dem gehackten Dill bestreuen, kühl stellen und etwas durchziehen lassen.

Geflügelsuppe „Gärtner Art“ Ⓔ

ZUBEREITUNGSZEIT: CA. 1 STD.
CA. 459 KCAL/1900 KJ

ZUTATEN FÜR 1 PORTION:

80 g Blumenkohl
1 kleine Stange Lauch (100 g)
1 Stange Staudensellerie (50 g)
100 g Möhren
1 kleiner Kohlrabi (150 g)
6 Erbsenschoten
(insgesamt 400–500 g Gemüse)
1 kleine Zwiebel
1 TL Butter
150 g Hähnchenbrust
1/2 l Wasser
1 EL vegetarische Gemüsebrühe (Trockenprodukt)
1/4 TL frisch geriebene Muskatnuß
2 EL gehackte Kräuter (Liebstöckel, Petersilie)

ZUBEREITUNG:

1. Das Gemüse putzen und waschen. Den Blumenkohl in kleine Röschen teilen. Den Lauch, den Staudensellerie und die Möhren in 1 cm breite Scheiben schneiden. Den Kohlrabi in Stifte schneiden und von den feinen Erbsenschoten die Enden abschneiden.
2. Die Zwiebel fein hacken und in der Butter glasig dünsten.
3. Die Hähnchenbrust in feine Würfel schneiden und zu der Zwiebel geben. Das Gemüse hinzufügen, mit der Brühe auffüllen.
4. 20 bis 25 Minuten köcheln lassen, mit Muskatnuß abschmecken und mit den Kräutern bestreuen.

Provenzalische Fischsuppe Ⓔ

ZUBEREITUNGSZEIT: CA. 1 STD.
CA. 495 KCAL/2045 KJ

ZUTATEN FÜR 1 PORTION:

1 kleine Stange Lauch
1 kleine Fenchelknolle
2 mittelgroße Möhren
100 g Sellerieknolle
1–2 Tomaten, 1 Zwiebel
1 TL ungehärtetes Pflanzenfett
200 g Kabeljau oder frische Fischreste
100 ml trockener Weißwein
650 ml Wasser
1–2 Knoblauchzehen
1 TL vegetarische Gemüsebrühe (Trockenprodukt)
3/4 TL Kräuter der Provence
1/2 TL Thymian
2 EL süße Sahne, 30 % Fett
1 EL feingehackte Petersilie

ZUBEREITUNG:

1. Den Lauch waschen und in Ringe schneiden.
2. Fenchel, Möhren und Sellerie zerkleinern. Die Tomaten in kleine Würfel schneiden.
3. Die Zwiebel hacken und in dem Fett glasig dünsten. Das Gemüse hinzufügen und bei schwacher Hitze kurze Zeit mit andünsten.
4. Den gesäuberten, in Stücke geteilten Fisch zum Gemüse geben und mit Wein und Wasser auffüllen.
5. Mit dem gepreßten Knoblauch, der Brühe und den Gewürzen abschmecken. Alles zum Kochen bringen und zugedeckt 30 bis 40 Minuten garen.
6. Die Suppe mit der Sahne und Petersilie verfeinern.

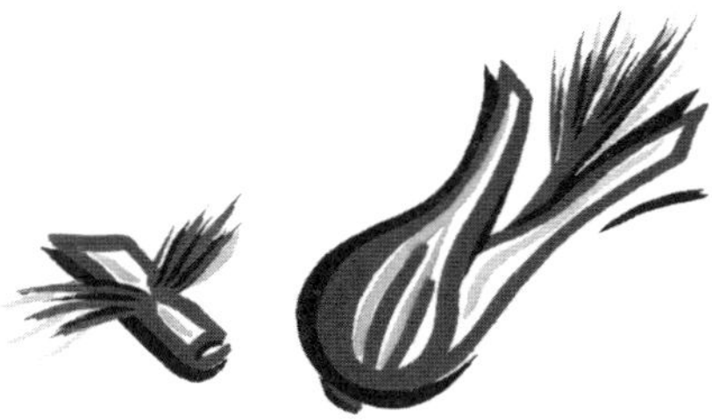

Hähnchengeschnetzeltes „Chinesische Art“ Ⓔ

ZUBEREITUNGSZEIT: CA. 25 MIN.
CA. 364 KCAL/1507 KJ

ZUTATEN FÜR 1 PORTION:

100 g gekochtes Hähnchenfleisch
100 g Chinakohl
1 TL ungehärtetes Pflanzenfett
1 Zwiebel, gewürfelt
1/2 l Wasser
1/2 TL vegetarische Gemüsebrühe (Trockenprodukt)
2 Selleriestangen
1 EL ungeschwefelte Rosinen
1/2 TL Curry, 1 Msp. Kardamom
1 Msp. Nelkenpulver
1 EL süße Sahne, 30 % Fett
100 g frische Ananas
1 TL Mandelblättchen

ZUBEREITUNG:

1. Das gekochte Hähnchenfleisch und den Chinakohl in Streifen schneiden. Das Fett in einer Pfanne erhitzen, die Zwiebelwürfel und den Chinakohl hinzufügen und unter Rühren anbraten.
2. Mit Wasser auffüllen und mit der vegetarischen Gemüsebrühe würzen.
3. Die Selleriestangen waschen, in etwa 1 cm lange Stücke schneiden und zusammen mit dem Hähnchenfleisch und den Rosinen zum Chinakohl geben. Zugedeckt etwa 5 Minuten garen.
4. Mit den Gewürzen leicht scharf abschmecken, Sahne dazugeben.
5. Die in Stücke geschnittene Ananas kurz miterwärmen und mit den Mandelblättchen bestreut servieren.

Grüne Bohnen mit Lamm Ⓔ

ZUBEREITUNGSZEIT: CA. 1 STD.
CA. 451 KCAL/1867 KJ

ZUTATEN FÜR 1 PORTION:

125 g Lammfleisch
1 TL ungehärtetes Pflanzenfett
1 gehackte Zwiebel, 1/2 l Wasser
1 TL vegetarische Gemüsebrühe (Trockenprodukt)
1/2 TL gerebelter Rosmarin
1/2 TL Salbei
1/2 Knoblauchzehe
400 g grüne Bohnen
1 Stengel Bohnenkraut
1–2 Dosierlöffel Nestargel

ZUBEREITUNG:

1. Das Lammfleisch vom Fett befreien und in kleine Würfel schneiden.
2. Das Pflanzenfett in einem Schmortopf erhitzen und das Fleisch kurz anbraten. Die Zwiebelwürfel dazugeben und goldgelb dünsten.
3. Mit Wasser auffüllen und mit der vegetarischen Gemüsebrühe, dem Rosmarin, dem Salbei und der gepreßten Knoblauchzehe würzen. Etwa 30 Minuten zugedeckt leicht köcheln lassen.
5. Mit dem Nestargel andicken und heiß servieren.

Lammkoteletts auf Wirsing Ⓔ

ZUBEREITUNGSZEIT: CA. 1 STD.
CA. 527 KCAL/2181 KJ

ZUTATEN FÜR 1 PORTION:

2 Lammkoteletts (125 g)
1–3 Knoblauchzehen
1 TL ungehärtetes Pflanzenfett
½ TL Kräutersalz, 5 EL Wasser
1 Msp. feingemahlener Rosmarin
1 Msp. Thymian
1 Msp. geriebene Muskatnuß
1 EL süße Sahne, 30 % Fett

FÜR DAS GEMÜSE:
1 Schalotte
350 g Wirsing
1–2 Möhren, 1 TL Butter
1 TL vegetarische Gemüsebrühe (Trockenprodukt)
½ TL geriebene Muskatnuß

ZUBEREITUNG:

1. Das Fleisch waschen, abtupfen und mit einem scharfen Messer in die Oberfläche kleine Einschnitte setzen. Die geschälten Knoblauchzehen in Stifte oder Scheiben schneiden und die Fleischtaschen anschließend damit füllen.
2. Das Fett in einer beschichteten Pfanne erhitzen und die Koteletts pro Seite 5 bis 7 Minuten braten. Mit dem Kräutersalz würzen und zur Seite schieben.
3. Den Bratfond mit dem Wasser ablöschen und mit dem Rosmarin, dem Thymian und der geriebenen Muskatnuß abschmecken.
4. Die Sauce mit der Sahne legieren, die Koteletts zugeben und alles noch ein paar Minuten köcheln lassen.
5. Für das Wirsinggemüse die Schalotte hacken, den Wirsing waschen und nur leicht abgetropft in feine Streifen schneiden.
6. Die Möhren schälen, längs vierteln und in gleichmäßig große Stücke schneiden.
7. Die Butter in einem Topf zerlassen, nicht bräunen, und die Schalotten dann glasig dünsten. Den Wirsing und die Möhren dazugeben, wenig Wasser auffüllen und mit der Gemüsebrühe würzen. 15 bis 18 Minuten garen und zwischendurch umrühren. Mit der abgeriebenen Muskatnuß würzen.
8. Das Wirsinggemüse mit den Lammkoteletts und der Sauce servieren.

Ratatouille mit Schafskäse Ⓔ

Zubereitungszeit: ca. 40 Min.
ca. 405 kcal/1677 kJ

Zutaten für 1 Portion:

1 Zwiebel, 1 TL Pflanzenfett
1 mittelgroße Aubergine
2 Tomaten
1 gelbe Paprikaschote
1 kleiner Zucchino
100 ml Wasser, ½ TL Oregano
½ TL Kräuter der Provence
1 Msp. Cayennepfeffer
½ TL Rosmarin, ½ TL Liebstöckel
1 Knoblauchzehe
1 TL vegetarische Gemüsebrühe (Trockenprodukt)
2 EL süße Sahne, 30 % Fett
60 g Schafskäse

Zubereitung:

1. Die Zwiebel schälen, in feine Ringe schneiden und im Fett dünsten.
2. Die Aubergine waschen, vom Stielansatz befreien, kleinwürfeln und zu der Zwiebel geben.
3. Die Tomaten überbrühen, dann abschrecken, von der Haut befreien, zerkleinern und ebenfalls in der Pfanne mitdünsten.
4. Die Paprikaschote halbieren, säubern, in Streifen schneiden und mit dem in Würfel geschnittenen Zucchino zu der Ratatouille geben. Mit dem Wasser auffüllen.
5. Mit dem Oregano, den Kräutern der Provence, dem Cayennepfeffer, dem Rosmarin und dem Liebstöckel kräftig abschmecken.
6. Den gepreßten Knoblauch unterrühren und mit der vegetarischen Gemüsebrühe würzen. 10 bis 15 Minuten zugedeckt auf kleiner Flamme garen und zuletzt mit der Sahne verfeinern.
7. Zum Schluß den Schafskäse zerbröseln, auf die Ratatouille geben und zugedeckt 5 Minuten erwärmen, bis der Käse geschmolzen ist.

Tip:

Statt des Käses können Sie 100 g Rinderhackfleisch mitgaren.

Gemüse-Rindergulasch Ⓔ

ZUBEREITUNGSZEIT: CA. 2 STD.
CA. 468 KCAL/1937 KJ

ZUTATEN FÜR 1 PORTION:

1 Zwiebel
150 g mageres Rindfleisch
1 TL ungehärtetes Pflanzenfett
1 TL Rosenpaprika
½ l Wasser, 1 große Möhre
200 g Stangenbohnen
1 rote Paprikaschote
1 Fleischtomate
1 Knoblauchzehe
1 TL vegetarische Gemüsebrühe (Trockenprodukt)
je ½ TL Kräuter der Provence, Bohnenkraut und Rosmarin
2 EL süße Sahne, 30 % Fett

ZUBEREITUNG:

1. Die Zwiebel schälen und fein würfeln. Das Fleisch in kleine Stücke schneiden und zusammen mit der Zwiebel und dem Fett von allen Seiten andünsten.
2. Mit Rosenpaprika bestäuben und mit Wasser auffüllen.
3. Die Möhre, die Stangenbohnen und die Paprikaschote putzen und in kleine Stücke schneiden.
4. Die Tomate häuten, würfeln und zusammen mit den Möhren-, Bohnen- und Paprikastücken zu dem Fleisch geben.
5. Die gepreßte Knoblauchzehe hineingeben und mit der Brühe, Kräutern der Provence, Bohnenkraut und Rosmarin würzen.
6. 1 bis 1½ Stunden auf kleiner Flamme gar schmoren und mit der Sahne verfeinern.

Hackfleisch-Ragout ⓔ

ZUBEREITUNGSZEIT: CA. 50 MIN.
CA. 487 KCAL/2016 KJ

ZUTATEN FÜR 1 PORTION:

1 Gemüsezwiebel
200 g Stangenbohnen
je 1 Paprikaschote und Fleischtomate
1 TL ungehärtetes Pflanzenfett
100 g Rinderhackfleisch
200 ml Wasser
1 TL vegetarische Gemüsebrühe (Trockenprodukt)
1/4 TL Bohnenkraut, gerebelt
1/4 TL Rosenpaprika
2 EL saure Sahne

ZUBEREITUNG:

1. Die Zwiebel schälen und in feine Streifen schneiden.
2. Die Bohnen waschen, putzen und in 2 bis 3 cm lange Stücke brechen.
3. Die Paprikaschote säubern und in Stücke schneiden.
4. Die Tomate mit kochendem Wasser überbrühen, kalt abschrecken, von der Haut befreien und zerkleinern.
5. Die Zwiebelstreifen glasig dünsten und das Rinderhackfleisch dazugeben.
6. Die Bohnen, Paprika und die zerkleinerte Tomate hinzufügen. Mit dem Wasser auffüllen und mit der Gemüsebrühe, dem Bohnenkraut und dem Paprika würzen.
7. Das Gemüsehack 25 bis 30 Minuten nicht zu stark kochen lassen, umrühren, mit der Sahne mischen.

Überbackenes Gemüse ⓔ

ZUBEREITUNGSZEIT: CA. 1 STD.
CA. 467 KCAL/1933 KJ

ZUTATEN FÜR 1 PORTION:

400 g Blumenkohl oder anderes Gemüse
100 g saure Sahne
60 ml frische Milch
1/2 TL Rosenpaprika
1/2 TL Curry
1/4 TL geriebene Muskatnuß
1 TL vegetarische Gemüsebrühe (Trockenprodukt)
1 Knoblauchzehe
60 g grob geriebener Gouda

ZUBEREITUNG:

1. Den Blumenkohl waschen, in kleine Röschen teilen und in kochendem, leicht gesalzenem Wasser 10 bis 15 Minuten garen. Anschließend das Gemüse in eine mittelgroße Auflaufform schichten.
2. Für die Sauce die saure Sahne mit der Milch verquirlen und mit dem Rosenpaprika, dem Curry, der Muskatnuß und der gekörnten Brühe würzen.
3. Den Knoblauch durch die Knoblauchpresse drücken und mit der Sauce verrühren. Das Gemüse damit begießen und im Backofen bei 160 °C 20 bis 25 Minuten überbacken.
4. Mit dem geriebenen Käse bestreuen und nochmals 5 Minuten backen, bis der Käse geschmolzen ist.

Lauchauflauf Ⓔ

ZUBEREITUNGSZEIT: CA. 50 MIN.
CA. 518 KCAL/2144 KJ

ZUTATEN FÜR 1 PORTION:

400 g Lauch, 180 ml Wasser
½ vegetarische Brühwürfel
1 Zwiebel
1 TL ungehärtetes Pflanzenfett
100 g Rinderhackfleisch
2 Tomaten, ⅛ l Wasser
1 TL Paprika, edelsüß
1 Msp. Koriander
½ zerdrückte Knoblauchzehe
je ½ TL Rosmarin und Thymian
2 EL süße Sahne, 30 % Fett
30 g geriebener Käse

ZUBEREITUNG:

1. Den Lauch in feine Ringe schneiden, mit Wasser und dem Brühwürfel bei milder Hitze etwa 20 Minuten garen.
2. Die Zwiebel schälen, in Würfel schneiden und in dem Fett glasig dünsten. Das Hackfleisch anbraten.
3. Die Tomaten häuten, würfeln und zum Hackfleisch geben. Mit Paprika bestäuben, Wasser auffüllen, 10 Minuten köcheln lassen.
4. Mit den Gewürzen abschmecken, die Sahne unterrühren.
5. Den Lauch in eine Auflaufform geben und mit der Hackfleischsauce übergießen.
6. Mit dem Käse bestreuen und im vorgeheizten Backofen 10 bis 15 Minuten bei 180 °C überbacken.

Pußta-Gulaschsuppe Ⓔ

ZUBEREITUNGSZEIT: CA. 2 STD.
CA. 435 KCAL/1800 KJ

ZUTATEN FÜR 1 PORTION:

125 g magerer Rinderbraten
1 TL ungehärtetes Pflanzenfett
1 Gemüsezwiebel (100 g)
1 TL Paprika, edelsüß
⅜ l Wasser
1 Fleischtomate (150 g)
1 grüne Paprikaschote (150 g)
1–2 Knoblauchzehen
1 Lorbeerblatt, ½ TL Kümmel
1 Msp. Cayennepfeffer
je ½ TL Thymian, Oregano und vegetarische Gemüsebrühe (Trockenprodukt)
100 g Champignons
2 EL süße Sahne, 30 % Fett

ZUBEREITUNG:

1. Das Fleisch abwaschen, trockentupfen und in kleine Würfel schneiden.
2. Das Fleisch in Fett anbraten.
3. Die Zwiebel in Ringe schneiden und glasig dünsten. Mit Paprika bestäuben und mit Wasser auffüllen.
3. Die Tomate häuten, zerkleinern, die Paprikaschote in Streifen schneiden und beides zugeben.
5. Die gepreßten Knoblauchzehen, die Gewürze und die Brühe dazugeben.
6. Die Champignons putzen, in Scheiben schneiden und in die Suppe geben. 1 bis 1½ Stunden köcheln.
7. Die Sahne unterrühren.

Paprikacreme mit gestockten Eiern Ⓔ

ZUBEREITUNGSZEIT: CA. 40 MIN.
CA. 427 KCAL/1768 KJ

ZUTATEN FÜR 1 PORTION:

3 kleine Schalotten
1 TL Butter
300 g Paprikaschoten
200 g Tomaten
3/8 l Wasser
1 TL vegetarische Gemüsebrühe (Trockenprodukt)
1/2 TL Rosenpaprika
1/2 TL Oregano
1/2 TL Majoran
1/2 TL Kräuter der Provence
1 Msp. Cayennepfeffer
2 EL süße Sahne, 30 % Fett
2 Eier
2 EL Kresse

ZUBEREITUNG:

1. Die Schalotte schälen, fein hacken und in der zerlassenen Butter weichdünsten.
2. Die Paprikaschoten vom Kerngehäuse befreien und in feine Streifen schneiden. Die Tomaten nach Bedarf häuten und anschließend zerkleinern.
3. Die Paprikastreifen und die Tomaten zu den Schalotten geben, kurz mitdünsten, mit Wasser auffüllen und mit der Gemüsebrühe würzen.
4. Mit den Gewürzen abschmecken. 15 bis 18 Minuten köcheln.
5. Die Sahne dazugeben.
6. Die Eier verschlagen und in die Suppe geben. Nochmals 5 Minuten bei schwacher Hitze ziehen lassen, mit der Kresse bestreuen.

Kohlrabigemüse mit Schinkenrühreiern Ⓔ

ZUBEREITUNGSZEIT: CA. 3/4 STD.
CA. 517 KCAL/2140 KJ

ZUTATEN FÜR 1 PORTION:

2 Kohlrabi (geputzt 400 g)
1 TL vegetarische Gemüsebrühe (Trockenprodukt)
1/2 Dosierlöffel Nestargel
2 EL Sahnedickmilch
2 EL gehackte Petersilie

FÜR DIE RÜHREIER:

1 TL Butter
30 g Rinderschinken, in Streifen
1 kleine Zwiebel, 2 Eier
1 EL süße Sahne, 30 % Fett
1 Msp. Kräutersalz

ZUBEREITUNG:

1. Die Kohlrabiknollen schälen und in grobe Stifte hobeln. Mit 1/4 l Wasser in einen Topf geben und mit der vegetarischen Gemüsebrühe würzen. 15 bis 20 Minuten dünsten, dabei gelegentlich umrühren, falls notwendig, noch etwas Wasser angießen.
2. Mit dem Nestargel binden und mit der Sahnedickmilch legieren. Die Petersilie leicht unterrühren.
3. Für die Rühreier die Butter in einer Pfanne schmelzen lassen, die Schinkenstreifen und die gehackte Zwiebel hinzufügen und leicht anbraten.
4. In der Zwischenzeit die Eier mit einem Schuß Mineralwasser oder Wasser und der Sahne gut verquirlen. Mit wenig Kräutersalz würzen und zu dem angebratenen Schinken geben. Die Masse hin und wieder mit einem Kochspatel zusammenschieben und stocken lassen.
5. Das Gemüse mit dem Rührei sofort servieren.

VARIATION

Sie können aus der Eimasse leicht ein Omelett oder ein Schaumomelett backen. Für letzteres werden die Eiweiße steif geschlagen und kurz vor dem Backen untergehoben.

Kohlenhydratreiche Hauptmahlzeiten

Exotischer Mandelreis (K)

QUELLZEIT: ÜBER NACHT
ZUBEREITUNGSZEIT: CA. 40 MIN.
CA. 322 KCAL/1333 KJ

ZUTATEN FÜR 1 PORTION:

50 g Naturreis (roh gewogen)
1/4 l Wasser
2 EL ungeschwefelte Rosinen
2 cl Doppelkorn
1 TL vegetarische Gemüsebrühe (Trockenprodukt)
1 Zwiebel
1 TL Butter
2 TL Mandelsplitter
je 1/2 TL gemahlene Gewürznelken, Kardamom und Kurkuma
1 TL Zimt
1 TL abgeriebene Schale einer unbehandelten Zitrone

ZUBEREITUNG:

1. Den Reis waschen und in dem Wasser über Nacht quellen lassen. Die Rosinen waschen, mit dem Doppelkorn übergießen und ebenfalls über Nacht zugedeckt ziehen lassen.
2. Am nächsten Tag den Reis mit der Gemüsebrühe in dem Einweichwasser 20 bis 25 Minuten bei geringer Hitze garen.
3. Die Zwiebel schälen, fein hacken und in einer Pfanne mit der Butter glasig dünsten.
4. Anschließend die Mandelsplitter hinzufügen und kurz mitrösten. Die gemahlenen Nelken, den Kardamom, das Kurkuma und den Zimt darüberstreuen und kurz mitbraten.
5. Mit dem Rosinen-Doppelkorn-Gemisch löschen und unter Rühren den gekochten, gut abgetropften Reis und die abgeriebene Zitronenschale untermischen. Dazu „Grüner Salat“ siehe Rezept Seite 100).

Kartoffelpüree (K)

ZUBEREITUNGSZEIT: CA. 3/4 STD.
CA. 198 KCAL/820 KJ

ZUTATEN FÜR 1 PORTION:

200 g Kartoffeln
200 ml Wasser
1/2 TL vegetarische Gemüsebrühe (Trockenprodukt)
1 EL Sahnedickmilch
1 TL Sesam

ZUBEREITUNG:

1. Die Kartoffeln schälen und in kleine Würfel schneiden. Wasser zugeben und zugedeckt weich kochen.
2. Die Kartoffeln im eigenen Kochwasser stampfen, mit der vegetarischen Gemüsebrühe würzen und mit der Sahnedickmilch verfeinern.
3. Den Sesam trocken rösten und darüberstreuen. Essen Sie dazu „Blumenkohlsalat“ (siehe Rezept Seite 98).

Béchamelkartoffeln (K)

Zubereitungszeit: ca. 1 Std.
ca. 493 kcal/2041 kJ

Zutaten für 1 Portion:

150 g Kartoffeln
1 Zwiebel
1 TL ungehärtetes Pflanzenfett
200 g frische Champignons
1 Stange Lauch (150 g)
1 TL feines Weizenvollkornmehl
80 ml Wasser
¼ TL gemahlener Rosmarin
½ TL Liebstöckel
1 TL vegetarische Gemüsebrühe (Trockenprodukt)
¼ TL geriebene Muskatnuß
2 EL süße Sahne, 30 % Fett
1 EL gehackte Petersilie

Zubereitung:

1. Die Kartoffeln waschen und mit der Schale in kochendem Wasser garen.
2. In der Zwischenzeit eine Zwiebel in sehr feine Würfel schneiden und in dem Fett anbraten.
3. Die Champignons und den Lauch putzen, in Scheiben schneiden und ebenfalls kurz mitdünsten.
4. Mit dem Vollkornmehl bestäuben und mit dem Wasser löschen. Zugedeckt etwa 10 Minuten köcheln lassen.
5. Die Kartoffeln pellen und in gleichmäßig dicke Scheiben schneiden. Zu den Champignons und dem Lauch geben und bei kleiner Flamme nochmals 5 Minuten erwärmen.
6. Mit den Gewürzen abschmecken.
7. Mit der Sahne verfeinern und mit Petersilie bestreuen.

Bunter Kartoffelsalat Ⓚ

ZUBEREITUNGSZEIT: CA. 50 MIN.
CA. 427 KCAL/1768 KJ

ZUTATEN FÜR 1 PORTION:
200 g Kartoffeln
1 Bund Suppengrün (Lauch, Möhren, Sellerie)
1 EL frische oder Tiefkühlerbsen
1/4 l Wasser, 2 Tomaten
1/3 Salatgurke (100 g)

FÜR DIE SAUCE:
3 EL Brottrunk
1 TL Sonnenblumenöl
1 TL Kräutersalz
2 EL frische gehackte Kräuter (Sauerampfer, Liebstöckel, Dill, Schnittlauch)
30 g Rinderschinken

ZUBEREITUNG:
1. Die Kartoffeln mit der Schale kochen, pellen und auskühlen lassen. Anschließend in Würfel schneiden.
2. Das Suppengrün zerkleinern, die Erbsen verlesen und zusammen in wenig Wasser gar dünsten.
3. Währenddessen die Tomaten waschen, vom Stielansatz befreien und in kleine Stücke teilen. Die Salatgurke schälen und grob würfeln. Alles miteinander mischen.
4. Aus dem Brottrunk, dem Sonnenblumenöl, dem Kräutersalz und den frischen gehackten Kräutern eine Sauce rühren und unter den Kartoffelsalat geben.
5. Kurz vor dem Servieren den Rinderschinken in kleine Würfel schneiden und über den Salat streuen.

Kartoffelsalat „Alte Art“ Ⓚ

ZUBEREITUNGSZEIT: CA. 50 MIN.
CA. 197 KCAL/815 KJ

ZUTATEN FÜR 1 PORTION:
200 g Kartoffeln
1/2 TL vegetarische Gemüsebrühe (Trockenprodukt)
80 ml heißes Wasser
1 TL Sonnenblumenöl
2 EL Brottrunk
1 Zwiebel
1 EL feingehackte Kräuter (Schnittlauch, Petersilie, Estragon, Kerbel)

ZUBEREITUNG:
1. Die Kartoffeln waschen, in der Schale garen, abgießen und leicht auskühlen lassen. Anschließend pellen und in feine Scheiben schneiden.
2. Die vegetarische Gemüsebrühe in dem heißen Wasser auflösen. Die Brühe mit dem Öl und dem Brottrunk verrühren und lauwarm über die Kartoffeln gießen.
3. Die Zwiebel schälen, fein würfeln und hinzufügen. Den Kartoffelsalat mischen und auskühlen lassen.

4. Vor dem Anrichten nochmals durchmischen und mit den fein gehackten Kräutern bestreut servieren.

Selleriesalat mit Quarkkroketten Ⓚ

ZUBEREITUNGSZEIT: CA. 1 STD.
SELLERIESALAT CA. 225 KCAL/931 KJ
QUARKKROKETTEN CA. 340 KCAL/1407 KJ

ZUTATEN FÜR 1 PORTION:

FÜR DEN SALAT:
1 Sellerieknolle (400 g)
50 ml Brottrunk
2 EL Sahnedickmilch
je 1 TL Sonnenblumenöl, Apfeldicksaft und Kräutersalz
1 Zwiebel
2 EL feingehackte Petersilie

FÜR DIE QUARKKROKETTEN:
50 g Magerquark
1 Eigelb
1 TL Kräutersalz, ½ TL Curry
1 Msp. geriebene Muskatnuß
½ TL abgeriebene Schale einer unbehandelten Zitrone
2 EL Weizenvollkornmehl
1 Bund glatte Petersilie
100 g Sellerieraspel
2 TL Vollkornsemmelbrösel
2 TL ungehärtetes Pflanzenfett

ZUBEREITUNG:

1. Die Sellerieknolle waschen und in reichlich kochendem Wasser 20 bis 25 Minuten garen. Nach dem Abspülen schälen, grob raspeln und 100 g für die Kroketten beiseite legen.
2. Aus dem Brottrunk, der Sahnedickmilch, dem Sonnenblumenöl, dem Apfeldicksaft und dem Kräutersalz eine pikante Sauce rühren.
3. Die Zwiebel schälen, fein würfeln und zu der Sauce geben. Alles miteinander verrühren und über den geraspelten Sellerie gießen, mischen und mit der gehackten Petersilie bestreuen. Gut durchziehen lassen.
4. Den Quark gut abtropfen lassen und mit dem Eigelb verrühren. Mit dem Kräutersalz, dem Curry, der Muskatnuß und der Zitronenschale würzen. Anschließend das Vollkornmehl mit unterrühren.
5. Die Petersilie waschen, fein hacken und zusammen mit den restlichen Sellerieraspeln dann unter den Teig mengen.
6. Aus der Masse zwei Kroketten formen und in den Semmelbröseln wälzen.
7. Das Fett in einer beschichteten Pfanne zerlassen und die Kroketten zugedeckt bei milder Hitze goldbraun braten. Zwischendurch wenden.

Nudelsalat (K)

ZUBEREITUNGSZEIT: CA. 1 STD.
CA. 370 KCAL/1555 KJ

ZUTATEN FÜR 1 PORTION:

50 g Vollkornnudeln
125 g Möhren, 2 EL grüne Erbsen
1 Stange Staudensellerie
30 g Rindersalami
⅓ Salatgurke (100 g)
1–2 Tomaten
100 g frische Champignons

FÜR DIE SAUCE:
2 EL Sahnedickmilch
3 EL Brottrunk
½ gepreßte Knoblauchzehe
½ TL Kräutersalz
1 EL Schnittlauch, fein geschnitten

ZUBEREITUNG:

1. Die Nudeln in leicht gesalzenem Wasser 12 bis 15 Minuten bißfest garen.
2. Die Möhren schälen, in kleine Würfel schneiden und zusammen mit den Erbsen in wenig Wasser gar dünsten. Dann auskühlen lassen.
3. In der Zwischenzeit den Staudensellerie und die Salami sehr fein schneiden und zu den Erbsen und Möhren geben.
4. Die Gurke schälen, längs vierteln und in 1 bis 2 cm breite Stücke schneiden.
5. Die Tomaten waschen, vom Stengelansatz befreien und achteln. Die Champignons putzen, waschen und etwas zerkleinern.
6. Die Nudeln abgießen, kalt abspülen und mit den Möhren, den Erbsen, dem Staudensellerie, den Gurkenstückchen, den Tomaten und den Champignons mischen.
7. Für die Salatsauce die Sahnedickmilch mit dem Brottrunk und der gepreßten Knoblauchzehe verrühren.
8. Mit dem Kräutersalz würzen und über den Nudelsalat gießen. Kräftig miteinander mischen und mit den Schnittlauchröllchen bestreuen.

Kohlrabi-Kartoffel-Suppe (K)

ZUBEREITUNGSZEIT: CA. ¾ STD.
CA. 313 KCAL/1296 KJ

ZUTATEN FÜR 1 PORTION:

2–3 Kohlrabiknollen (400 g)
1–2 Kartoffeln (150 g)
½ l Wasser
1 EL vegetarische Gemüsebrühe (Trockenprodukt)
1 Eigelb
1 EL süße Sahne, 30 % Fett
2 EL gehackte Petersilie

ZUBEREITUNG:

1. Die Kohlrabi und die Kartoffeln schälen, würfeln, mit Wasser auffüllen und mit der Brühe würzen. Etwa 20 Minuten weich kochen.
2. Das Gemüse mit einem Pürierstab oder im Mixer pürieren. Anschließend

mit dem Eigelb und der Sahne verfeinern.
3. Mit der gehackten Petersilie bestreuen und servieren.

Französische Kartoffelsuppe Ⓚ

ZUBEREITUNGSZEIT: CA. 1 STD.
CA. 332 KCAL/1374 KJ

ZUTATEN FÜR 1 PORTION:

250 g Kartoffeln
150 g Möhren
1 Zwiebel
150 g Zucchini
100 g frische Champignons
3/8 l Wasser
1 TL vegetarische Gemüsebrühe (Trockenprodukt)
1 Lorbeerblatt
1 Knoblauchzehe
1/4 TL Oregano
1/4 TL Kräuter der Provence
1 Msp. geriebene Muskatnuß
1 Prise Cayennepfeffer
2 EL süße Sahne, 30 % Fett
2 EL Schnittlauch, fein geschnitten

ZUBEREITUNG:

1. Die Kartoffeln und die Möhren waschen, schälen und in Würfel schneiden. Die Zwiebel fein hacken. Die Zucchini und die Champignons waschen und in Scheiben schneiden.
2. Alles mit Wasser und der Gemüsebrühe in einen Topf geben.
3. Mit dem Lorbeerblatt, dem Knoblauch, dem Oregano, den Kräutern der Provence, der Muskatnuß und dem Cayennepfeffer leicht würzen und 15 bis 20 Minuten garen.
4. Anschließend die Suppe im Mixer pürieren, mit der Sahne legieren und mit den Schnittlauchröllchen bestreuen.

Einfache Grünkernsuppe Ⓚ

ZUBEREITUNGSZEIT: CA. 1/2 STD.
CA. 199 KCAL/824 KJ

ZUTATEN FÜR 1 PORTION:

1/2 l Wasser
1 TL vegetarische Gemüsebrühe (Trockenprodukt)
25 g Grünkern, fein geschrotet
1 Eigelb
2 EL Sahnejoghurt
1 EL feingehackte Kräuter

ZUBEREITUNG:

1. Das Wasser mit der Gemüsebrühe zum Kochen bringen.
2. Mit dem Schneebesen das feine Grünkernschrot einrühren, aufkochen und etwa 15 Minuten auf der ausgeschalteten Platte quellen lassen. Dabei gelegentlich mit dem Schneebesen umrühren.
3. Das Eigelb mit dem Sahnejoghurt verquirlen und in die Suppe rühren. Mit den gehackten Kräutern bestreut servieren.

Grünkernsuppe mit Gemüse (K)

ZUBEREITUNGSZEIT: CA. 3/4 STD.
CA. 431 KCAL/1784 KJ

ZUTATEN FÜR 1 PORTION:

150 g Möhren
150 g Lauch
100 g Sellerie
1 Zwiebel
1 TL Butter
50 g Grünkernschrot
1/2 l Wasser
1 EL vegetarische Gemüsebrühe (Trockenprodukt)
1 Msp. geriebene Muskatnuß
1 EL süße Sahne, 30 % Fett
1 EL gehackte Petersilie

ZUBEREITUNG:

1. Die Möhren, den Lauch und den Sellerie putzen, waschen und in kleine gleichmäßige Würfel schneiden.
2. Die Zwiebel schälen, kleinhacken und in der Butter glasig dünsten. Mit dem Grünkernschrot bestäuben, kurz mitrösten lassen, mit Wasser auffüllen und mit der vegetarischen Gemüsebrühe würzen.
3. Das geputzte Gemüse hinzufügen und zugedeckt 20 bis 25 Minuten garen.
4. Mit der abgeriebenen Muskatnuß würzen und mit der Sahne verfeinern. Zum Schluß die gehackte Petersilie darüberstreuen.

Pikante Nudelsuppe (K)

ZUBEREITUNGSZEIT: CA. 40 MIN.
CA. 452 KCAL/1871 KJ

ZUTATEN FÜR 1 PORTION:

50 g Vollkornnudeln (roh gewogen)
300 ml Wasser, 1/2 TL Meersalz
je 150 g Möhren und Lauch
100 g Sellerie, 1 TL Butter
400 ml Wasser
1 EL vegetarische Gemüsebrühe (Trockenprodukt)
1 Msp. Cayennepfeffer
2 EL saure Sahne
1 EL milder Blauschimmelkäse
2 EL feingehackte Kräuter (Kerbel, Selleriegrün)

ZUBEREITUNG:

1. Die Nudeln in Wasser 12 bis 15 Minuten bißfest garen.
2. Das Gemüse waschen und putzen. Die Möhren in dünne Scheiben, den Lauch in Ringe schneiden und den Sellerie fein stifteln.
3. Die Butter in einem Topf schmelzen und das Gemüse zart andünsten. Mit Wasser auffüllen und mit der Gemüsebrühe würzen. Bei schwacher Hitze das Gemüse 15 bis 20 Minuten garen.
4. Die gegarten Nudeln hinzufügen, mit dem Pfeffer würzen, die saure Sahne unterrühren.
5. Die Suppe anrichten, den Käse mit den Kräutern darüberstreuen.

Karotten-Lauchsuppe Ⓚ

QUELLZEIT: ÜBER NACHT
ZUBEREITUNGSZEIT: CA. 50 MIN.
CA. 456 KCAL/1888 KJ

ZUTATEN FÜR 1 PORTION:

50 g Naturreis (roh gewogen)
250 g Karotten, 1 Stange Lauch
1 Zwiebel, 1 TL Butter
½ l Wasser
1 EL vegetarische Gemüsebrühe (Trockenprodukt)
1 EL Sahnedickmilch
1 EL feingehackte Petersilie

ZUBEREITUNG:

1. Den Reis über Nacht einweichen und am nächsten Tag bei milder Hitze 20 bis 25 Minuten quellen lassen.
2. Die Karotten und den Lauch putzen, waschen und in Scheiben schneiden.
3. Die Zwiebel fein hacken und in Butter glasig dünsten.
4. Die Karotten und den Lauch hinzufügen, mit Wasser auffüllen und mit der Gemüsebrühe würzen. 20 Minuten auf möglichst kleiner Flamme köcheln lassen.
5. Die Suppe pürieren und mit der Sahnedickmilch verrühren. Den Reis in einen Teller geben und mit der Suppe auffüllen. Mit Petersilie bestreuen.

Lauchsuppe Ⓚ

ZUBEREITUNGSZEIT: CA. 1 STD.
CA. 491 KCAL/2032 KJ

ZUTATEN FÜR 1 PORTION:

400 g Lauch, 1 Zwiebel
200 g Kartoffeln
1 TL ungehärtetes Pflanzenfett
½ l Wasser
1 TL vegetarische Gemüsebrühe (Trockenprodukt)
1 Lorbeerblatt
60 g saure Sahne, 1 Eigelb
1 Msp. geriebene Muskatnuß
2 EL gehackte Kräuter (Petersilie, Thymian)

ZUBEREITUNG:

1. Den Lauch putzen, waschen und die Stangen der Länge nach halbieren und in feine Scheiben schneiden.
2. Anschließend die Kartoffeln waschen, schälen und in kleine Würfel schneiden.
3. Die Zwiebel schälen, würfeln, in dem Fett glasig dünsten, mit Wasser auffüllen und mit Gemüsebrühe würzen.
4. Den Lauch, die Kartoffeln und das Lorbeerblatt hinzufügen und bei milder Hitze zugedeckt 20 bis 25 Minuten garen.
5. Die saure Sahne mit dem Eigelb verquirlen und unter die Suppe rühren. Mit der frisch geriebenen Muskatnuß abschmecken, das Lorbeerblatt entfernen und mit den gehackten Kräutern bestreut servieren.

Champignon-Reis-Suppe Ⓚ

QUELLZEIT: ÜBER NACHT
ZUBEREITUNGSZEIT: CA. ½ STD.
CA. 488 KCAL/2020 KJ

ZUTATEN FÜR 1 PORTION:

50 g Naturreis (roh gewogen)
2 rote Paprikaschoten
1 Stange Lauch (125 g)
100 g Champignons
1 Zwiebel, 1 TL Pflanzenfett
1 gepreßte Knoblauchzehe
400 ml Wasser
1 TL vegetarische Gemüsebrühe (Trockenprodukt)
je ½ TL Majoran, Paprika, Curry
1 TL frisches Basilikum
1 Eigelb
2 EL süße Sahne, 30 % Fett

ZUBEREITUNG:

1. Den Reis waschen, über Nacht einweichen und am nächsten Tag bei geringer Hitze in dem Einweichwasser 25 Minuten ausquellen.
2. In der Zwischenzeit die Paprikaschoten putzen und in feine Streifen schneiden.
3. Den Lauch und die Champignons putzen und zerkleinern. Die Zwiebel schälen, fein würfeln und in dem heißen Fett glasig dünsten.
4. Den Knoblauch und das Gemüse hinzufügen, mit Wasser auffüllen und mit Brühe würzen. Im geschlossenen Topf 15 Minuten garen.
5. Anschließend den fertigen, abgetropften Reis zur Suppe geben und mit den Gewürzen und Kräutern abschmecken.
6. Das Eigelb mit der Sahne verschlagen und unter die Suppe rühren.

Partybrötchen Ⓚ

ZEIT ZUM GEHEN: CA. ¾ STD.
ZUBEREITUNGSZEIT: CA. ¾ STD.
PRO STÜCK CA. 129 KCAL/537 KJ

ZUTATEN FÜR 19 BRÖTCHEN:

30 g Hefe, 2 EL Wasser
300 ml handwarmes Wasser
600 g Weizenvollkornmehl
2 TL Meersalz
30 g Sonnenblumenkerne
2 TL Kümmel, 1 Eigelb
je 2 TL Kümmel, Sesam, Mohn

ZUBEREITUNG:

1. Die Hefe in dem Wasser auflösen. Das Vollkornmehl hinzufügen und zum Teig verarbeiten.
2. Danach zugedeckt an einem warmen Ort etwa 30 Minuten gehen lassen.
3. Den Teig zusammenkneten, mit Meersalz, Sonnenblumenkernen und Kümmel würzen.
4. Den Teig in 19 Portionen aufteilen und zu runden Brötchen formen. Auf einem Blech in Form einer Rosette nebeneinander setzen, dabei kleine Zwischenräume einhalten.

5. Das Eigelb mit Wasser verquirlen, die Brötchen damit bestreichen und die Gewürzkörner darüberstreuen. Nochmals 15 Minuten gehen lassen.
6. Danach im vorgeheizten Backofen bei 200 °C etwa 20 Minuten backen.

Gebundene Gemüsesuppe

ZUBEREITUNGSZEIT: CA. 1 STD.
CA. 280 KCAL/1159 KJ

ZUTATEN FÜR 1 PORTION:

1–2 Möhren (100 g)
1 kleine Stange Lauch (50 g)
1 Kohlrabi (100 g)
1 Stück Sellerie (50 g)
100 g Blumenkohl, 1 TL Butter
600 ml Wasser
1½ EL vegetarische Gemüsebrühe (Trockenprodukt)
½ TL Majoran
½ TL geriebene Muskatnuß
½ TL Kräuter der Provence
1 Gewürznelke, 1 Lorbeerblatt
1 geh. EL Weizen, feingeschrotet
2 EL süße Sahne, 30 % Fett
2 EL gehackte Kräuter

ZUBEREITUNG:

1. Das Gemüse waschen und putzen. Die Möhren und den Lauch in Scheiben schneiden.
2. Den Kohlrabi stifteln, den Sellerie würfeln und den Blumenkohl in kleine Röschen teilen.
3. Die Butter in einem Topf schmelzen lassen und die Möhren darin leicht andünsten. Das übrige Gemüse hinzufügen, mit Wasser auffüllen und mit der vegetarischen Gemüsebrühe würzen.
4. Mit dem Majoran, der Muskatnuß, den Kräutern der Provence, der Nelke und dem Lorbeerblatt würzen. Zugedeckt 20 bis 25 Minuten bei geringer Hitze garen.
5. Von der fertigen Suppe etwas Brühe in einen Schüttelbecher geben und das geschrotete Vollkornmehl und die Sahne dazugeben. Kurz durchmixen und die Suppe damit binden.
6. Nochmals kurz aufkochen lassen und vor dem Servieren das Lorbeerblatt und die Nelke entfernen.
7. Mit den gehackten Kräutern bestreuen. Dazu paßt eine Scheibe Vollkornbrot mit Butter und Schnittlauch.

Lauchtorte Ⓚ

ZUBEREITUNGSZEIT: CA. $1\frac{1}{4}$ STD.
PRO STÜCK CA. 211 KCAL/875 KJ

ZUTATEN FÜR 1 TORTE (12 STÜCKE):

FÜR DEN TEIG:
200 g feines Weizenvollkornmehl
100 g Butter, 1 Eigelb
1 TL Meersalz, 3 EL Wasser
etwas Butter für die Form

FÜR DEN BELAG:
500 g Lauch
500 g Zwiebeln
1 EL ungehärtetes Pflanzenfett
100 ml süße Sahne, 10 % Fett
50 ml Wasser, 2 Eigelb
½ TL geriebene Muskatnuß
1 Msp. Cayennepfeffer
1 TL Kräutersalz
1 gepreßte Knoblauchzehe
50 g Camembert, 60 % Fett

ZUBEREITUNG:

1. Das Weizenvollkornmehl mit der in Stücke geschnittenen kalten Butter, dem Eigelb, dem Meersalz und dem Wasser zu einem geschmeidigen Teig verkneten.
2. Den Teig auf einer leicht bemehlten Arbeitsfläche ausrollen, in eine gefettete Springform von 26 cm Durchmesser geben und einen kleinen Rand formen.
3. Zugedeckt im Kühlschrank etwa 30 Minuten ruhen lassen.
4. Den Lauch und die Zwiebeln putzen und in feine Ringe schneiden.
5. Das Fett in einer Pfanne erhitzen. Bei mittlerer Energiezufuhr den Lauch und die Zwiebeln darin glasig dünsten.
6. Die Sahne mit dem Wasser mischen und die Eigelbe darin verquirlen. Mit der Muskatnuß, dem Cayennepfeffer, dem Kräutersalz und der gepreßten Knoblauchzehe würzen.
7. Anschließend den Camembert in kleine Würfel schneiden und zu der Sahnemischung geben.
8. Die Sahnesauce zu dem Gemüse geben, verrühren und alles zusammen auf dem Teigboden verteilen, glattstreichen und im vorgeheizten Backofen bei 180 °C etwa 35 Minuten backen. Die Torte in 12 Stücke teilen und heiß servieren.

TIP:

Als Vorspeise essen Sie eine „Feine Blumenkohlsuppe“ (siehe Rezept Seite 58).

Gemüsepaella (K)

QUELLZEIT: ÜBER NACHT
ZUBEREITUNGSZEIT: CA. 1 STD.
CA. 449 KCAL/1983 KJ

ZUTATEN FÜR 1 PORTION:

50 g Naturreis (roh gewogen)
1 rote Paprikaschote
1 Zwiebel, 1 Stange Lauch
1 TL ungehärtetes Pflanzenfett
2 EL grüne Erbsen
1–2 Knoblauchzehen
100 g frische Champignons
1/8 l Wasser, 1/4 TL Safran
1 TL vegetarische Gemüsebrühe (Trockenprodukt)
2 EL Sahnedickmilch

ZUBEREITUNG:

1. Den Reis über Nacht quellen lassen, dann 20 bis 25 Minuten garen.
2. Zuerst die Paprikaschote in Streifen schneiden.
3. Die Zwiebel schälen, würfeln und dünsten.
4. Den Lauch in Ringe schneiden und zu den Zwiebeln geben.
5. Die Paprikastreifen, die Erbsen, die Knoblauchzehen und die blättrig geschnittenen Champignons untermischen.
6. Mit dem Wasser auffüllen, mit der Brühe würzen und 15 Minuten garen.
7. Den Reis unter das Gemüse mischen und 5 Minuten ziehen lassen.
8. Zum Schluß das Safranpulver und die Sahnedickmilch unterrühren.

Hirsotto (K)

ZUBEREITUNGSZEIT: CA. 50 MIN.
CA. 439 KCAL/1817 KJ

ZUTATEN FÜR 1 PORTION:

40 g Hirse, 1/4 l Wasser
1 TL ungehärtetes Pflanzenfett
1 Zwiebel in Würfeln
1 TL vegetarische Gemüsebrühe (Trockenprodukt)
1 Möhre, 1/2 Kohlrabiknolle
1 kleine Stange Lauch
100 g frische Champignons
1 rote Paprikaschote, 1 EL Erbsen
5 Mandeln, gestiftelt
je 1/4 TL Liebstöckel und Rosmarin
1/4 TL Majoran

ZUBEREITUNG:

1. Die Hirse heiß waschen und im heißen Fett mit der Zwiebel kurz andünsten.
2. Mit dem Wasser auffüllen und mit der Gemüsebrühe würzen.
3. Die Möhre und den Kohlrabi in kleine Würfel, den Lauch und die Champignons in dünne Scheiben schneiden, alles zu der Hirse geben.
4. Die Paprikaschote in kleine Streifen schneiden.
5. Zuammen mit den Erbsen und den Mandeln zu dem Hirsotto geben. 20 bis 25 Minuten garen.
6. Mit den Gewürzen abschmecken.

Gefüllte Zucchini Ⓚ

ZUBEREITUNGSZEIT: CA. 1½ STD.
CA. 543 KCAL/2248 KJ

ZUTATEN FÜR 1 PORTION:

50 g Hirse, 200 ml Wasser
1 TL vegetarische Gemüsebrühe (Trockenprodukt)
2 mittelgroße Zucchini
2 EL Olivenöl
2–3 Knoblauchzehen
½ TL Kräutersalz
2 EL gehackte Kräuter
1 Zwiebel, 1 TL Butter
½ rote Paprikaschote
1 kleine Möhre
100 g frische Champignons
1 TL Majoran, 1 TL Rosenpaprika
1 EL saure Sahne
30 g Käse, 60 % Fett i.Tr., in Streifen geschnitten
etwas Butter für die Form

ZUBEREITUNG:

1. Die Hirse in das kochende Wasser rühren, mit der Gemüsebrühe würzen und bei milder Hitze 25 bis 30 Minuten garen lassen.
2. Die Zucchini waschen, der Länge nach halbieren und aushöhlen. Das Fruchtfleisch können Sie gut für einen Rohkostsalat verwenden.
3. Aus dem Olivenöl, dem gepreßten Knoblauch, dem Kräutersalz und den gehackten Kräutern eine Paste rühren und die ausgehöhlten Zucchini damit bestreichen.
4. Anschließend die Zwiebel schälen, klein würfeln und in der Butter glasig dünsten.
5. Die Paprikaschote vom Kerngehäuse befreien und in sehr feine Streifen schneiden. Die Möhre schälen und fein raspeln. Die Pilze säubern und feinblättrig schneiden.
6. Die Paprikastreifen, die Möhren und die Pilze zu den Zwiebeln geben und 5 bis 8 Minuten mitdünsten. Danach die Hirse unter das Gemüse rühren.
7. Mit dem Majoran, dem Rosenpaprika würzen und mit der sauren Sahne verfeinern.
8. Den Hirsebrei in die Zucchini füllen und mit den Käsestreifen belegen.
9. Eine Auflaufform einfetten und die gefüllten Zucchini hineinsetzen. Mit Alufolie abdecken und etwa 40 Minuten bei 200 °C garen.

Maisschnitte mit Zucchini (K)

Zubereitungszeit: ca. 1 Std.
pro Portion ca. 386 kcal/1600 kJ

Zutaten für 2 Portion:

Für die Maisschnitte:
100 g feingeschrotetes Maismehl
400 ml Wasser
1 TL vegetarische Gemüsebrühe (Trockenprodukt)
1 Eigelb
½ TL Majoran
½ TL Koriander
½ TL Curry
½ gepreßte Knoblauchzehe
1 TL Butter zum Einfetten der Form

Für den Belag:
300 g Zucchini
1 TL Butter
½ TL Kräutersalz
1 gepreßte Knoblauchzehe
50 g milder Blauschimmelkäse, Vollfettstufe
4 EL süße Sahne, 30 % Fett
2 EL Wasser

Zubereitung:

1. Das Maismehl in das Wasser rühren und etwa 30 Minuten quellen lassen. Anschließend die vegetarische Gemüsebrühe dazugeben und bei geringer Energiezufuhr unter Rühren aufkochen lassen. Auf der ausgeschalteten Platte noch kurze Zeit ziehen lassen.
2. Das Eigelb, die Gewürze, die halbe gepreßte Knoblauchzehe unter den Maisbrei rühren und in eine gefettete Auflaufform geben.
3. Die Zucchini waschen, je nach Größe längs vierteln und in etwa 1 cm große Würfel schneiden.
4. In der zerlassenen Butter zart andünsten und mit dem Kräutersalz und dem Knoblauch würzen.
5. Überschüssige Flüssigkeit von den Zucchini abgießen und das Gemüse auf dem Maisbrei dicht verteilen. Im vorgeheizten Backofen bei 200 °C etwa 15 Minuten backen.
6. Den Käse mit der Sahne und dem Wasser verrühren und über die Maisschnitten verteilen. Nochmals kurze Zeit backen, bis der Käse goldgelb zerlaufen ist.

Tip:

Essen Sie dazu „Grünen Salat“ (siehe Rezept Seite 100).

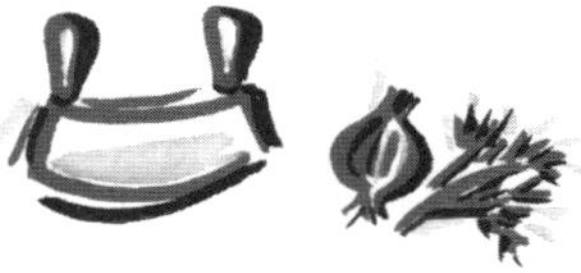

Grünkernbratlinge Ⓚ

QUELLZEIT: CA. 1 STD.
ZUBEREITUNGSZEIT: CA. 40 MIN.
PRO BRATLING CA. 139 KCAL/579 KJ

ZUTATEN FÜR 15 BRATLINGE:

1 Zwiebel, 1 TL Butter
80 g Grünkern, mittelfein geschrotet
160 ml Wasser
1 TL vegetarische Gemüsebrühe (Trockenprodukt)
½ TL geriebene Muskatnuß
½ TL Liebstöckel, ½ TL Majoran
2 EL Sahnedickmilch
4 TL Mandelblättchen
4 TL ungehärtetes Pflanzenfett

ZUBEREITUNG:

1. Die Zwiebel fein hacken, in Butter glasig dünsten. Mit Grünkernmehl bestäuben. Mit dem Wasser ablöschen und das restliche Grünkernmehl hinzufügen.
2. Die Masse kurz aufkochen lassen, so daß ein fester Teig entsteht; dabei umrühren.
3. Mit der Brühe, Muskatnuß, Liebstöckel, Majoran und Sahnedickmilch würzig abschmecken.
4. Nach der Quellzeit (1 Stunde) aus dem Teig fünf Bratlinge formen und in den Mandelblättchen wälzen.
5. Die Bratlinge zugedeckt bei milder Hitze 12 bis 15 Minuten ausbacken und servieren.

Gemüseauflauf Ⓚ

ZUBEREITUNGSZEIT: CA. 1½ STD.
CA. 451 KCAL/1867 KJ

ZUTATEN FÜR 2 PORTIONEN:

je 250 g Möhren, Kohlrabi, Zucchini, Kartoffeln und frische Champignons
⅛ l Wasser
250 g saure Sahne
je 1 TL Curry und Kräutersalz
½ TL Thymian
1 TL Rosenpaprika
1 gepreßte Knoblauchzehe
1 Msp. Cayennepfeffer
100 g Mozzarella

ZUBEREITUNG:

1. Möhren, Kohlrabi, Zucchini und Kartoffeln grob reiben, mit den in Scheiben geschnittenen Champignons vermischen und in eine Auflaufform geben.
2. Das Wasser mit der Sahne verquirlen und mit Curry, Kräutersalz, Thymian, Rosenpaprika, der gepreßten Knoblauchzehe und dem Cayennepfeffer würzen.
3. Die gewürzte und saure Sahne über das Gemüse gießen und bei 200 °C etwa 45 Minuten backen.
4. Zum Schluß mit dem in Scheiben geschnittenen Mozzarella belegen und nochmals kurz überbacken.

Gefüllte Wirsingröllchen mit Wirsinggemüse Ⓚ

Quellzeit: über Nacht
Zubereitungszeit: ca. 2 Std.
1 Portion Wirsingröllchen
ca. 336 kcal/1515 kJ
1 Portion Wirsinggemüse
ca. 156 kcal/646 kJ

Zutaten für 2 Portionen:

Für die Wirsingröllchen:
30 g Naturreis (roh gewogen)
1 mittelgroßer Wirsingkohl
1 Zwiebel
1 TL ungehärtetes Pflanzenfett
1 Bund Suppengrün (Sellerie, Lauch, Möhre)
125 g frische Champignons
1 TL gehackte Mandeln
½ TL Kräutersalz
1 Msp. geriebene Muskatnuß
¼ TL Majoran
je ½ TL Liebstöckel und Curry
1 TL Butter, 180 ml Wasser
1 TL vegetarische Gemüsebrühe (Trockenprodukt)
1 EL süße Sahne, 30 % Fett
1–2 Dosierlöffel Nestargel

Für das Gemüse:
2 TL Butter
1 Zwiebel
1 EL Weizenvollkornmehl
200 ml Wirsingbrühe
1 Msp. gemahlene Muskatnuß
1 Gemüsebrühwürfel

Zubereitung:

1. Den Reis waschen, über Nacht in Wasser quellen lassen und darin am nächsten Tag etwa 25 Minuten garen.
2. Den Wirsing putzen, waschen und blanchieren. Vier größere Blätter beiseite legen und die Rippen ausschneiden. Jeweils zwei Blätter leicht überlappend nebeneinander legen.
3. Die Zwiebel schälen, fein würfeln und glasig dünsten.
4. Das Suppengrün sehr klein schneiden und zu den Zwiebeln geben. Ebenso mit den geputzten, grob gehackten Champignons und den Mandeln verfahren.
5. Den Reis mit der Pilz-Gemüse-Mischung verrühren. Mit dem Kräutersalz, der Muskatnuß, dem Majoran, dem Liebstöckel und dem Curry pikant abschmecken.
6. Diese Füllung auf die ausgebreiteten Wirsingblätter geben, das Ganze aufrollen und zubinden.
7. Die beiden Wirsingröllchen anbraten, mit der Gemüsebrühe auffüllen und etwa 30 Minuten köcheln lassen. Mit der Sahne und dem Nestargel binden.
8. Den restlichen Wirsing grob schneiden. Die Butter in einem Topf schmelzen und die gehackte Zwiebel darin glasig dünsten.
9. Mit dem Mehl bestäuben und die Wirsingbrühe unter Rühren hinzufügen.
10. Den grob geschnittenen Wirsing dazugeben und 10 bis 15 Minuten dünsten. Mit Muskatnuß und Gemüsebrühwürfel abschmecken.

Gehitschel Ⓚ

ZUBEREITUNGSZEIT: CA. 35 MIN.
CA. 497 KCAL/2057 KJ

ZUTATEN FÜR 1 PORTION:

1 TL ungehärtetes Pflanzenfett
1 Zwiebel, in Würfeln
400 g Sauerkraut
1 TL Kümmel, 200 g Kartoffeln
1 EL Sahnedickmilch
eventuell 40 g Rindersalami

ZUBEREITUNG:

1. Das Fett erhitzen und die Zwiebel darin glasig dünsten.
2. Das Sauerkraut hinzufügen, mit wenig Wasser auffüllen, würzen, 25 Minuten garen.
3. Kartoffelpüree mit Dickmilch zubereiten, zum Kraut geben. Evtl. Salami zugeben.

Spätzle mit Champignonsauce Ⓚ

ZUBEREITUNGSZEIT: CA. 40 MIN.
CA. 334 KCAL/1383 KJ

ZUTATEN FÜR 1 PORTION:

50 g Vollkornspätzle (roh gewogen)
½ l Wasser
½ TL Meersalz

FÜR DIE SAUCE:
1 TL Butter
1 Zwiebel
200 g Champignons
150 ml Wasser
½ TL vegetarische Gemüsebrühe (Trockenprodukt)
2 EL süße Sahne, 30 % Fett
1–2 Dosierlöffel Nestargel

ZUBEREITUNG:

1. Spätzle im Salzwasser 12 bis 15 Minuten bißfest garen.
2. In der Zwischenzeit die Butter in einer Pfanne schmelzen lassen und die kleingehackte Zwiebel darin glasig dünsten.
3. Die Champignons putzen, in Scheiben schneiden und zu der Zwiebel geben. Etwas anschmoren lassen und mit dem Wasser auffüllen. Mit der vegetarischen Gemüsebrühe würzen und zugedeckt etwa 15 Minuten köcheln lassen.
4. Anschließend mit der Sahne verfeinern und mit dem Nestargel andicken. Die Sauce zusammen mit den Spätzle servieren.

Mischgemüse mit Käsesauce Ⓚ

ZUBEREITUNGSZEIT: CA. 50 MIN.
CA. 470 KCAL/1946 KJ

ZUTATEN FÜR 1 PORTION:

je 100 g Blumenkohl, Brokkoli, Erbsenschoten, Prinzeßbohnen
1 TL Meersalz

FÜR DIE SAUCE:
1 Zwiebel, 1 TL Butter
1 EL Weizenvollkornmehl
2 EL süße Sahne, 30 % Fett
150 ml Gemüsewasser
½ TL vegetarische Gemüsebrühe (Trockenprodukt)
40 g milder Blauschimmelkäse, 60 % Fett i.Tr.

ZUBEREITUNG:

1. Blumenkohl, Brokkoli, Erbsenschoten und Prinzeßbohnen putzen, waschen und zerkleinern.
2. Das Gemüse in ½ l leicht gesalzenem Wasser 15 bis 18 Minuten garen. 150 ml des Kochsuds für die Sauce beiseite stellen.
3. Die Zwiebel hacken, dünsten und mit Vollkornmehl bestäuben.
4. Die Sahne mit dem Gemüsewasser mischen und unter Rühren bei milder Hitze zu der Einbrenne geben. Mit der Gemüsebrühe würzen.
5. Den Käse in kleine Stücke schneiden, hinzufügen und unter ständigem Rühren aufkochen lassen. Über das Gemüse geben und servieren.

Kartoffelauflauf „Provençal" Ⓚ

ZUBEREITUNGSZEIT: CA. 1½ STD.
CA. 541 KCAL/2240 KJ

ZUTATEN FÜR 1 PORTION:

200 g Kartoffeln
1 Gemüsezwiebel (150 g)
1 Stange Lauch (200 g)
125 g frische Champignons
2 TL Butter
¾ TL gemahlener Rosmarin
½ TL Kräuter der Provence
1 Msp. Cayennepfeffer
1 TL vegetarische Gemüsebrühe (Trockenprodukt)
1–2 Knoblauchzehen
1 EL süße Sahne, 30 % Fett
60 g Mozzarella

ZUBEREITUNG:

1. Die Kartoffeln garen, pellen und in Scheiben schneiden.
2. Zwiebel, Lauch und Champignons putzen und in feine Scheiben schneiden. In Butter leicht bräunen und mit Wasser auffüllen.
3. Mit den Gewürzen, der Gemüsebrühe und dem gepreßten Knoblauch abschmecken. 12 bis 15 Minuten dünsten, mit der Sahne verfeinern.
4. Eine feuerfeste Form leicht anbuttern, abwechselnd Kartoffelscheiben und Gemüsemischung einschichten.
5. Mit dem kleingeschnittenen Mozzarella bestreuen und im Backofen bei 180 bis 200 °C etwa 15 Minuten überbacken.

Brokkolitopf mit Kartoffelbrei Ⓚ

ZUBEREITUNGSZEIT: CA. 1 STD.
CA. 461 KCAL/1908 KJ

ZUTATEN FÜR 1 PORTION:

400 g Brokkoli, 1 EL Butter (10 g)
1 feingehackte Zwiebel
1 EL Weizenvollkornmehl
1/4 l Brokkolibrühe
1 TL vegetarische Gemüsebrühe (Trockenprodukt)
1/2 TL gemahlene Muskatnuß
150 g Kartoffeln, etwas Wasser
1 EL süße Sahne, 30 % Fett

ZUBEREITUNG:

1. Den geputzten und in Röschen geteilten Brokkoli in siedendem Wasser etwa 15 Minuten garen lassen und grob hacken.
2. Die Butter in einem Topf zerlassen, die Zwiebel darin andünsten. Das Mehl darüberstäuben und hellgelb anschwitzen. Mit Brokkolibrühe löschen.
3. Unter Rühren aufkochen lassen, den restlichen Brokkoli hinzugeben. Mit Gemüsebrühe und Muskat abschmecken.
4. Die Kartoffeln waschen, schälen, in kleine Würfel schneiden, kochen und im Kochwasser stampfen. Mit der Sahne verfeinern.
5. Den Kartoffelbrei mit dem Brokkoli noch warm servieren.

Frische Salate, Saucen und Gemüse

Fenchelfrischkost Ⓔ

ZUBEREITUNGSZEIT: CA. 20 MIN.
CA. 261 KCAL/1080 KJ

ZUTATEN FÜR 1 PORTION:
150 g Fenchelknolle
150 g Fleischtomaten
1 gelbe Paprikaschote

FÜR DIE SAUCE:
1–2 EL Zitronensaft
100 g Joghurt, natur, 3,5 %
1 TL Apfeldicksaft
½ TL gemahlener Koriander
2 EL Keimlinge (Getreide, Mungobohnen, Kresse)

ZUBEREITUNG:

1. Den Fenchel putzen, halbieren, mit der Schnittfläche auf ein Brettchen legen und in sehr feine Streifen schneiden.
2. Die Tomaten vom Stielansatz befreien und achteln. Die Paprikaschote vom Kerngehäuse befreien und ebenfalls in kleine Streifen schneiden. Alles miteinander mischen.
3. Den Zitronensaft mit dem Joghurt cremig aufschlagen und mit dem Apfeldicksaft süßen. Mit dem Koriander würzen, über das Gemüse geben und mit den Keimlingen bestreut servieren. Essen Sie dazu 100 bis 150 g Hähnchenfleisch.

Sauerkrautsalat Ⓔ

ZUBEREITUNGSZEIT: CA. 20 MIN.
KÜHLZEIT: CA. 2 STD.
CA. 336 KCAL/1391 KJ

ZUTATEN FÜR 1 PORTION:
1 Fleischtomate
1 rote Zwiebel
1 Scheibe frische Ananas
1 süßlicher Apfel
200 g frisches Sauerkraut
1 EL ungeschwefelte Rosinen
1 TL Sonnenblumenöl
1 TL Apfeldicksaft
1 EL gehackte Petersilie

ZUBEREITUNG:

1. Die Tomate, die Zwiebel, die Ananasscheibe und den vom Kerngehäuse befreiten Apfel säubern und in kleine Würfel schneiden.
2. Das Sauerkraut, die Rosinen und das Sonnenblumenöl hinzufügen und alles miteinander mischen.
3. Mit dem Apfeldicksaft süßen und mit der gehackten Petersilie bestreuen. Im Kühlschrank etwa 2 Stunden ziehen lassen.

Möhren-Rotkohl-Frischkost Ⓔ

ZUBEREITUNGSZEIT: CA. ½ STD.
CA. 314 KCAL/1299 KJ

ZUTATEN FÜR 1 PORTION:
100 g Möhren
1 Stangensellerie
200 g Rotkohl
1 Apfel, 5 Radieschen

FÜR DIE SAUCE:
2 EL Sahnedickmilch
1 TL Sonnenblumenöl
2 EL Zitronensaft
½ TL Kräutersalz
1 TL Apfeldicksaft
5 Mandeln, gestiftelt

ZUBEREITUNG:

1. Die Möhren waschen, schälen und grob raspeln. Den Stangensellerie putzen, von den festen Fäden befreien und in feine Ringe schneiden.
2. Den Rotkohl vom harten Strunk befreien und nicht zu grob raspeln.
3. Den Apfel vierteln, entkernen, grob raspeln. Zum Schluß die Radieschen in feine Scheiben schneiden und mit den restlichen zerkleinerten Salatzutaten mischen.
4. Sahnedickmilch, Sonnenblumenöl, Zitronensaft, Kräutersalz und Apfeldicksaft verrühren. Über den Salat verteilen.
5. Die gestiftelten Mandeln in einer Pfanne ohne Fett kurz anrösten und darüberstreuen.

Blumenkohlsalat Ⓝ

ZUBEREITUNGSZEIT: CA. ½ STD.
CA. 181 KCAL/749 KJ

ZUTATEN FÜR 1 PORTION:
1 kleiner Blumenkohl (400 g)
½ l Wasser, ½ TL Meersalz
50 ml Brottrunk
1 TL Sonnenblumenöl
½ TL Kräutersalz
1 Zwiebel, fein gehackt

ZUBEREITUNG:

1. Den Blumenkohl in kochendem Salzwasser 15 Minuten bißfest garen.
2. Aus den restlichen Zutaten eine Salatsauce rühren.
3. Die Zwiebel hineinrühren und mit dem Blumenkohl mischen.

Blumenkohl-Rohkost Ⓝ

ZUBEREITUNGSZEIT: CA. ½ STD.
CA. 214 KCAL/886 KJ

ZUTATEN FÜR 1 PORTION:

200 g Blumenkohl
1 grüne Paprikaschote
2 feste Tomaten
1 kleine Zwiebel

FÜR DIE SAUCE:
3 EL Brottrunk
1 TL Sonnenblumenöl
1 TL Apfeldicksaft
1 EL Sahnedickmilch
1 Knoblauchzehe
1 TL Paprika, edelsüß
½ TL Kräutersalz
2 EL Schnittlauch, fein geschnitten

ZUBEREITUNG:

1. Den Blumenkohl waschen, vom harten Strunk befreien und auf einem Gemüsehobel grob raspeln.
2. Die Paprikaschote und die Tomaten säubern und dann in feine Streifen schneiden.
3. Anschließend die Zwiebel schälen, klein würfeln und mit dem Blumenkohl und den Paprikastreifen mischen.
4. Aus dem Brottrunk, dem Sonnenblumenöl, dem Apfeldicksaft und der Sahnedickmilch eine cremige Sauce rühren. Mit der gepreßten Knoblauchzehe, dem Paprikapulver und dem Kräutersalz würzen.
5. Die Sauce über den Rohkostsalat verteilen, mit etwas Paprikapulver bestäuben und mit Schnittlauch bestreuen.

Chinakohlsalat Ⓝ

ZUBEREITUNGSZEIT: CA. 20 MIN.
CA. 151 KCAL/625 KCAL

ZUTATEN FÜR 1 PORTION:

200 g Chinakohl
80 ml Brottrunk
1 TL Sonnenblumenöl
2 EL Sahnedickmilch
1 TL Apfeldicksaft
½ TL Kräutersalz
1 Zwiebel

ZUBEREITUNG:

1. Den Chinakohl putzen, wachen und dann in 1 bis 2 cm breite Streifen schneiden.
2. Aus dem Brottrunk, dem Öl, der Dickmilch, dem Dicksaft und dem Salz eine Sauce rühren.
3. Die Zwiebeln würfeln und mit dem Chinakohl und der Sauce mischen. Diesen Salat sollten Sie mit einer Eiweiß- oder Kohlenhydratmahlzeit ergänzen.

Rohkostplatte mit Ananassauce Ⓝ

ZUBEREITUNGSZEIT: CA. 40 MIN.
CA. 337 KCAL/1395 KCAL

ZUTATEN FÜR 1 PORTION:

400 g Rohkost bestehend aus: Radicchio, Eisbergsalat, Salatgurke, Paprikaschote, Tomaten, frischen Champignons und Blumenkohl

FÜR DIE SAUCE:
100 g Sahnedickmilch
1 TL Zitronensaft
1 TL Apfeldicksaft, 1 Zwiebel
1 EL ungeschwefelte Rosinen
50 g frische Ananas
je 1 TL Curry und Kräutersalz
½ TL Kardamom
2 EL feingehackte Petersilie

ZUBEREITUNG:

1. Den Radicchiosalat und den Eisbergsalat putzen, waschen und zerteilen.
2. Die Gurke schälen, längs vierteln und in 1 cm breite Würfel schneiden.
3. Die Paprikaschote vom Kerngehäuse befreien und in feine Streifen schneiden.
4. Anschließend die gewaschenen Tomaten und die geputzten Champignons zerkleinern. Den Blumenkohl säubern und auf einem Gemüsehobel grob raspeln.
5. Den Salat dekorativ auf einer Platte anrichten.
6. Die Sahnedickmilch mit dem Zitronensaft und dem Apfeldicksaft verrühren. Die Zwiebel würfeln und mit den Rosinen hinzufügen. Die Ananas klein schneiden und unter die Sauce rühren. Mit dem Curry, dem Kräutersalz und dem Kardamom abschmecken und über den Salat gießen. Mit der Petersilie bestreut servieren.

Grüner Salat Ⓝ

ZUBEREITUNGSZEIT: CA. ¼ STD.
CA. 172 KCAL/712 KJ

ZUTATEN FÜR 1 PORTION:

1 Kopfsalat (etwa 400 g)
1 Zwiebel
3 EL frische Kräuter (Dill, Petersilie, Schnittlauch)
3 EL Brottrunk
1 TL Sonnenblumenöl
1 EL Sahnedickmilch
1 TL Apfeldicksaft
½ TL Kräutersalz

ZUBEREITUNG:

1. Den Salat putzen, waschen und in Stücke teilen.
2. Die Zwiebel und die Kräuter fein hacken und mit dem Brottrunk, dem Sonnenblumenöl, der Sahnedickmilch, dem Apfeldicksaft und dem Kräutersalz zu einer Sauce verrühren.

3. Die Sauce über den Salat geben und vorsichtig damit vermischen. Diesen Salat sollten Sie mit einer Kohlenhydrat- oder Eiweißmahlzeit ergänzen.

Tomatensalat Ⓝ

ZUBEREITUNGSZEIT: CA. 1/4 STD.
CA. 145 KCAL/600 KJ

ZUTATEN FÜR 1 PORTION:
400 g feste Tomaten
1 Zwiebel
1/2 TL Kräutersalz
1 TL Sonnenblumenöl
3 EL Brottrunk
3 EL gehackte Petersilie

ZUBEREITUNG:
1. Die Tomaten waschen und vom Stengelansatz befreien. Anschließend in schöne Scheiben schneiden.
2. Die geschälte Zwiebel fein hacken und zu den Tomaten geben.
3. Mit dem Kräutersalz würzen und mit dem Sonnenblumenöl und dem Brottrunk mischen.
4. Mit der gehackten Petersilie bestreuen und servieren.

TIP:
Diesen Salat sollten Sie mit einer Eiweiß- oder Kohlenhydratmahlzeit ergänzen.

Bohnensalat Ⓝ

ZUBEREITUNGSZEIT: CA. 1/2 STD.
CA. 197 KCAL/815 KJ

ZUTATEN FÜR 1 PORTION:
400 g Busch- oder Stangenbohnen
1 Stengel Bohnenkraut
1/2 l Wasser, 1/2 TL Meersalz
1 Zwiebel, 3 EL Brottrunk
1 TL Sonnenblumenöl
1/2 TL Kräutersalz, 1 TL saure Sahne

ZUBEREITUNG:
1. Die Bohnen von Fäden befreien, in Stücke brechen und zusammen mit dem Bohnenkraut in dem kochenden, leicht gesalzenen Wasser etwa 20 Minuten garen.
2. Aus dem Wasser herausnehmen, abtropfen und auskühlen lassen.
3. Die Zwiebel schälen, in kleine Würfel schneiden und zu den Bohnen geben.
4. Den Brottrunk mit dem Sonnenblumenöl und dem Kräutersalz verrühren. Danach die Sauce über die Bohnen gießen und mischen.
5. Zum Schluß die saure Sahne darübergeben und kurz ziehen lassen.

TIP:
Diesen Salat sollten Sie mit einer Eiweiß- oder Kohlenhydratmahlzeit ergänzen.

Bunter Gemüsesalat Ⓝ

Zubereitungszeit: ca. ½ Std.
ca. 214 kcal/866 kJ

Zutaten für 1 Portion:
100 g Blumenkohl
75 g Prinzeßbohnen
100 g Möhren
½ TL Meersalz
⅓ Salatgurke (100 g)
2 Stangen Staudensellerie

Für die Sauce:
100 ml Brottrunk
1 TL Sonnenblumenöl
½ TL Kräutersalz
1 Knoblauchzehe
2 EL Sahnedickmilch
1 EL Schnittlauch, fein geschnitten
1 EL Petersilie, fein gehackt

Zubereitung:

1. Den Blumenkohl, die Prinzeßbohnen und die Möhren putzen, waschen und in passende Stücke schneiden. Das Gemüse ins kochende, leicht gesalzene Wasser geben und 10 bis 12 Minuten garen.
2. Inzwischen die Gurke schälen, der Länge nach vierteln und in 1 bis 2 cm lange Stücke schneiden.
3. Den Sellerie ebenfalls putzen, waschen und in 1 cm lange Streifen schneiden.
4. Für die Salatsauce den Brottrunk, das Sonnenblumenöl, das Kräutersalz und den gepreßten Knoblauch miteinander verrühren. Mit dem Schneebesen die Sahnedickmilch kräftig unterschlagen.
5. Das noch bißfeste Gemüse gut abtropfen lassen und in eine Schüssel geben. Mit den Gurken- und Selleriestückchen mischen.
6. Die Salatsauce über das noch warme Gemüse geben und vorsichtig mischen. Mit den Schnittlauchröllchen und der Petersilie dekorativ bestreut servieren.

Salatsauce Ⓝ

Zubereitungszeit: ca. 10 Min.
ca. 179 kcal/741 kJ

Zutaten für 1–2 Portionen:
100 ml Sahnedickmilch
100 ml Brottrunk, 1 TL Kräutersalz
1 TL Apfeldicksaft
1 kleine Zwiebel
3 EL feingehackte Kräuter

Zubereitung:

1. Die Sahnedickmilch mit dem Brottrunk kräftig verschlagen. Mit dem Kräutersalz würzen und mit dem Apfeldicksaft fein abschmecken.
2. Die Zwiebel fein würfeln und zusammen mit den gehackten Kräutern unter die Salatsauce mischen.

Gemischter Salat „Italienische Art“ Ⓝ

ZUBEREITUNGSZEIT: CA. 20 MIN.
CA. 177 KCAL/733 KJ

ZUTATEN FÜR 1 PORTION:

1 kleiner römischer Salat (Romana)
1 Fleischtomate
1 gelbe Paprikaschote
100 ml Brottrunk
1 TL Olivenöl
½ TL Kräutersalz
½ TL Kräuter der Provence
½ TL Oregano
1 rote Zwiebel
1–2 Knoblauchzehen
3 EL frische Kräuter, fein gehackt (Basilikum, glatte Petersilie)

ZUBEREITUNG:

1. Den römischen Salat, die Fleischtomate und die gelbe Paprikaschote putzen, waschen und in Streifen schneiden. Alles mischen.
2. Den Brottrunk, das Olivenöl, das Kräutersalz, die Kräuter der Provence und den Oregano zu einer Sauce rühren.
3. Die Zwiebel in feine Ringe schneiden, den durch die Presse gedrückten Knoblauch hinzufügen und die Sauce über den gemischten Salat gießen.
4. Mit den frisch gehackten Kräutern bestreuen, alles miteinander mischen und danach kurze Zeit ziehen lassen.

Selleriesalat Ⓝ

ZUBEREITUNGSZEIT: CA. 40 MIN.
CA. 225 KCAL/931 KJ

ZUTATEN FÜR 1 PORTION:

1 Sellerieknolle (400 g)
50 ml Brottrunk
2 EL Sahnedickmilch
1 TL Sonnenblumenöl
1 TL Apfeldicksaft
1 TL Kräutersalz
1 Zwiebel
2 EL feingehackte Petersilie

ZUBEREITUNG:

1. Die Sellerieknolle waschen und in reichlich kochendem Wasser 20 bis 25 Minuten garen. Nach dem Abkühlen schälen und grob raspeln.
2. Aus dem Brottrunk, der Sahnedickmilch, dem Sonnenblumenöl, dem Apfeldicksaft und dem Kräutersalz eine pikante Sauce rühren.
3. Die Zwiebel schälen, fein würfeln und zu der Sauce geben. Alles miteinander verrühren und über den geraspelten Sellerie gießen, mischen und mit der gehackten Petersilie bestreuen. Gut durchziehen lassen.

TIP:

Diesen Salat sollten Sie mit einer Eiweiß- oder Kohlenhydratmahlzeit ergänzen.

Indische Zwiebelsauce Ⓝ

ZUBEREITUNGSZEIT: CA. ½ STD.
CA. 290 KCAL/1200 KJ

ZUTATEN FÜR 1 PORTION:

1 mittelgroße Zwiebel
1 TL ungehärtetes Pflanzenfett
400 g kleine Schalotten
1 EL ungeschwefelte Rosinen
2 EL Sahnedickmilch
½ TL Curry, ½ TL Kräutersalz

ZUBEREITUNG:

1. Die Zwiebel in kleine Würfel schneiden und in dem heißen Fett glasig dünsten. Mit ¼ l Wasser auffüllen, die geschälten ganzen Schalotten und die Rosinen hinzufügen.
2. Alles zusammen etwa 20 Minuten gar dünsten lassen. Mit der Sahnedickmilch leicht binden und mit dem Curry und dem Kräutersalz pikant abschmecken. Die Sauce leicht einkochen lassen.
Dazu paßt als Eiweißmahlzeit ein Putenschnitzel von etwa 150 g (174 kcal/720 kJ) oder als Kohlenhydratmahlzeit 200 g gekochter Naturreis.

Pikante Käsesauce Ⓔ

ZUBEREITUNGSZEIT: CA. ¼ STD.
CA. 246 KCAL/1018 KJ

ZUTATEN FÜR 1 PORTION:

½ TL vegetarische Gemüsebrühe (Trockenprodukt)
¼ TL geriebene Muskatnuß
½ TL Rosenpaprika
60 g Käse, grob geraspelt
2 EL Sahnedickmilch
2–3 Dosierlöffel Nestargel

ZUBEREITUNG:

1. ¼ l Wasser erhitzen und die vegetarische Gemüsebrühe, die Muskatnuß und das Paprikapulver hineinrühren.
2. Den Käse unter Rühren in der Brühe auflösen.
3. Die Sauce mit der Sahnedickmilch legieren und mit dem Nestargel andicken. Essen Sie dazu 400 g gekochten Blumenkohl

Knoblauchsauce Ⓝ

ZUBEREITUNGSZEIT: CA. 5 MIN.
CA. 124 KCAL/513 KJ

ZUTATEN FÜR 1 PORTION:

100 g Sahnedickmilch
3 gepreßte Knoblauchzehen
½ TL Kräutersalz

ZUBEREITUNG:

1. Die Sahnedickmilch mit den gepreßten Knoblauchzehen verrühren und mit dem Kräutersalz abschmecken.

Gegrillte Maiskolben Ⓝ

ZUBEREITUNGSZEIT: CA. ½ STD.
158 KCAL/654 KJ

ZUTATEN FÜR 1 PORTION:

2 frische Maiskolben
2 TL Butter

ZUBEREITUNG:

1. Die Maiskolben von den Blättern und den Fäden befreien und an beide Enden kleine Holzspieße stecken.
2. Die Butter in einem Topf zerlassen und die Kolben damit rundherum bestreichen.
3. Auf dem Grillrost bei langsam zunehmender Hitze etwa 20 Minuten grillen. Dabei mehrmals wenden.

Folienkartoffel Ⓚ

ZUBEREITUNGSZEIT: CA. 1¼ STD.
139 KCAL/575 KJ

ZUTATEN FÜR 1 PORTION:

1 große Kartoffel (150 g)
1 TL Sonnenblumenöl
1 TL Kümmel
½ TL Majoran
½ TL Liebstöckel

ZUBEREITUNG:

1. Die Kartoffel waschen, gut abbürsten und der Länge nach halbieren.
2. Die Schnittfläche mit dem Öl bepinseln und mit dem Kümmel, dem Majoran und mit dem Liebstöckel würzen.
3. Anschließend die Hälften wieder zusammenfügen und in doppelte Alufolie wickeln. Bei starker Hitze 45–55 Minuten grillen. Die Grillzeit kann verkürzt werden, indem Sie die Kartoffel schon vorgaren.

TIP:

Dazu passen „Knoblauchsauce“ (siehe Rezept Seite 105) und „Selleriesalat“ (siehe Rezept Seite 103).

Rezeptverzeichnis

Erklärung der Symbole
Ⓚ = Kohlenhydratgericht
Ⓔ = Eiweißgericht
Ⓝ = Neutrales Gericht

Natürlich heilen

Natürlich entgiften mit der Öl-Zieh-Kur
Von I. Hammelmann, 80 S.,
10 s/w-Fotos, kartoniert
ISBN: 3-635-**60391**-0
Preis: DM 10,90

Das „Kauen" von hochwertigem Sonnenblumenöl dient der Entgiftung des Körpers und trägt dazu bei, die Abwehrkräfte zu stärken. Wie das Ölkauen funktioniert und welche Naturheilmethoden die positive Wirkung der Ölkur unterstützen, erläutert dieser Ratgeber.

Apfelessig, Kräuteressig & Co.
Von R. Knoller, 96 S.,
24 s/w-Fotos, kartoniert
ISBN: 3-635-**60378**-3
Preis: DM 12,90

Essig ist eines der ältesten und bewährtesten Heilmittel der Menschheit. Dieses FALKEN TaschenBuch zeigt Ihnen, wie vielseitig die zahlreichen Essigsorten in der inneren und äußeren Anwendung sind.

Grapefruitkernextrakt für Gesundheit und Kosmetik
Von R. Knoller, 80 S.,
10 s/w-Fotos, kartoniert
ISBN: 3-635-**60379**-1
Preis: DM 12,90

Der Grapefruitkern-Extrakt wirkt antibakteriell und tötet Viren ab, er ist vielseitig einsetzbar für die Gesundheits- und Schönheitspflege und bietet eine ideale Ergänzung jeder Hausapotheke. Dieser Ratgeber informiert Sie über die gesamten Anwendungsmöglichkeiten des Extrakts.

Die sagenhafte Heilkraft der Papaya
Von H. W. Tietze, 80 S.,
12 s/w-Fotos, kartoniert
ISBN: 3-635-**60396**-1
Preis: DM 12,90

Schon lange ist den Naturvölkern die Heilkraft der Papaya bekannt. Sie wirkt gegen Infektionen, als Beruhigungs- und Stärkungsmittel. Auch bei Krebserkrankungen wird ihr heilende Wirkung nachgesagt. In diesem Ratgeber erfahren Sie mehr über die Papaya und ihr Konzentrat.

Teebaumöl für Gesundheit und Schönheit
Von S. Poth, 80 S.,
10 s/w-Fotos, kartoniert
ISBN: 3-635-**60344**-9
Preis: DM 12,90

Teebaumöl wird wegen seiner guten Wirksamkeit geschätzt, es ist vielseitig und gut verträglich. Dieses FALKEN TaschenBuch beschreibt fundiert die verschiedenen Therapien und die Anwendungen in der alltäglichen Körperpflege.

Grüner Tee
Von C. Teufl, 80 S.,
40 Farbfotos, kartoniert
ISBN: 3-635-**60150**-0
Preis: DM 14,90

Grüner Tee ist ein feiner und zugleich heilsamer Genuss. Dieser Ratgeber stellt die verschiedenen Grünteespezialitäten vor und informiert Sie über die richtige Zubereitung, die Inhaltsstoffe und die Heilwirkungen.

FALKEN TaschenBuch

Stand der Preise 1.2.1998 · Änderungen vorbehalten

Mensch und Gesundheit

Die Heilkraft der Pflanzen
Von S. Poth – 208 S.,
194 Farbfotos, gebunden
ISBN: 3-8068-**4862**-9
Preis: DM 39,90

Vorgestellt werden etwa 100 Heilpflanzen mit botanischer Beschreibung, Inhaltsstoffen, Einsatzmöglichkeiten und Besonderheiten. Die einzelnen Pflanzen sind den Krankheiten zugeordnet – der medizinische Laie findet sofort die für ihn relevanten Pflanzen.

Neurodermitis
Von Prof. Dr. med. Dr. phil. S. Borelli, Prof. Dr. med. J. Rakoski
136 S., 6 s/w-Fotos, 10 s/w-Zeichnungen, kartoniert
ISBN: 3-8068-**1649**-2
Preis: DM 24,90

Viele Menschen leiden unter Neurodermitis. Da es verschiedene Auslöser gibt, haben zahlreiche Betroffene bereits fehlgeschlagene Therapieversuche hinter sich. Dieses Buch hilft ihnen und ihren Angehörigen, den individuell richtigen Umgang mit der Erkrankung zu erlernen.

Rückenschmerzen
Von G. Leibold – 112 S.,
zweifarbig, 30 Zeichnungen, kartoniert
ISBN: 3-635-**60059**-8
Preis: DM 14,90

Haben Sie auch Rückenschmerzen? Dieser Ratgeber beschreibt die Ursachen, erklärt allgemein verständlich die Krankheitsbilder und informiert über natürliche Heilweisen.

Heilen und vorbeugen mit Wein
Von Dr. med. F.-A. Graf v. Ingelheim, I. Swoboda, 96 S., 46 s/w-Zeichnungen, kartoniert
ISBN: 3-635-**60311**-2
Preis: DM 14,90

Im Wein ist Gesundheit! Das wußten schon die alten Griechen. Auch Wissenschaftler haben die lebensverlängernde und vorbeugende Wirkung des Rebensaftes bewiesen. Dieser Ratgeber fasst die Anwendungen und Wirkungen der wohlschmeckenden Medizin zusammen.

Autogenes Training
Von R. Faller – 110 S.,
3 s/w-Zeichnungen, kartoniert
ISBN: 3-635-**60009**-1
Preis: DM 9,90

Durch autogenes Training haben bereits Millionen Menschen zu mehr Lebensfreude und Selbstsicherheit gefunden. Die in diesem Buch dargestellten Übungen führen stufenweise zur positiven Beeinflussung der seelischen Haltung und zu völliger Entspannung.

Fußsohlenmassage
Von G. Leibold – 96 S.,
73 Zeichnungen, kartoniert
ISBN: 3-635-**60036**-9
Preis: DM 11,90

In China entdeckte man schon vor Tausenden von Jahren, dass zahlreiche Zonen des Fußes in einer besonderen Art reflektorischer Beziehung zum übrigen Körper stehen. In diesem praxisorientierten Ratgeber erfahren Sie, wie Sie die heilsamen Wirkungen der Fußmassage für sich selbst nutzen können.

Stand der Preise 1.1.1998 · Änderungen vorbehalten

Getränke

Weinlexikon
Von Dr. H. Ambrosi, 384 S., ca. 250 Farbfotos und Abbildungen, gebunden
ISBN: 3-8068-**4942**-0
Preis: DM 39,90

Alles über den Wein in mehr als 1.500 Stichworten und rund 250 Abbildungen: Anbau und Lagen, Herstellung und Lagerung, Weinbauländer und Rebsorten und vieles mehr. Fachbegriffe werden erklärt, Weine zum Essen empfohlen, Weinproben geschildert.

Was Weinfreunde wissen wollen
Von H.-G. Dörr, Prof. Dr. K. Röder, F. John, 224 S., gebunden
ISBN: 3-8068-**7342**-9
Preis: DM 29,90

Über 130 der häufigsten Fragen zum Thema Wein werden in diesem Buch beantwortet. So erhält der Weinfreund grundlegende Informationen über Weinbau, Weinqualität, Weinproben, Lagerung und Haltbarkeit.

Wein richtig genießen lernen
Von Dr. H. Ambrosi, I. Swoboda, 128 S., 64 Farbfotos, gebunden
ISBN: 3-8068-**4809**-2
Preis: DM 29,90

Dieses Buch vermittelt das Grundwissen, das benötigt wird, um einen Wein fachgerecht beurteilen zu können. Dabei ist es weit entfernt von Fachbelehrung und trockener Wissenschaft.

FALKEN Mixbuch
Hrsg.: P. Bohrmann, 560 S., 227 Farbfotos, gebunden
ISBN: 3-8068-**4733**-9
Preis: DM 39,90

Mixen wie ein Profi – mit Hilfe dieses Buches ist das kein Problem! 1.444 Rezepte warten darauf, gemixt zu werden. Eine ausführliche Warenkunde für alle Zutaten sowie viele Tipps und Tricks zur Zubereitung und zum Dekorieren garantieren optimales Gelingen und vollendeten Genuss.

Cocktails und Drinks
Hrsg: S. Kieslich, 64 S., 70 Farbfotos, kartoniert
ISBN: 3-8068-**1965**-3
Preis: DM 9,90

Von klassischen Aperitifs, After-Dinner-Drinks und Cocktails bis hin zu exotischen Longdrinks und Bowlen mit und ohne Alkohol reicht die bunte Palette der Rezepte in diesem Buch.

Alkoholfreie Drinks
Hrsg.: B. Schwiers, 64 S., 50 Farbfotos, kartoniert
ISBN: 3-8068-**1947**-5
Preis: DM 9,90

Es geht auch „ohne". Verwöhnen Sie sich und Ihre Gäste mal mit Drinks ohne Alkohol. Das Buch zeigt Ihnen die große Vielfalt der alkoholfreien Mixgetränke von kalorienarmen Light Drinks über exotische Tropical Drinks bis zu verführerischen Milchshakes.

FALKEN

ErlebnisKüche

„ErlebnisKüche"

Diese Kochbuchreihe vereint stimmungsvoll den kulinarischen und optischen Genuss. Die großzügige Ausstattung mit anregenden Fotos auf jeder Seite macht zugleich Lust aufs Schmökern wie aufs Nachkochen. Alle Arbeitsschritte sind übersichtlich dargestellt. Und zusätzlich zu den Rezepten gibt es jede Menge Tipps zu Küchentechnik, Küchentricks und Warenkunde.

Alle Bände sind durchgehend vierfarbig, gebunden, mit Schutzumschlag, haben 128 Seiten, 120 Farbfotos und kosten **DM 34,90 und DM 39,90.**

Aufläufe und Gratins
Von U. Bültjer
ISBN: 3-8068-**4984**-6

In der ganzen Welt sind sie beliebt – die verführerisch duftenden, mit Käsehaube gekrönten Aufläufe und Gratins. In diesem Buch finden Sie eine große Anzahl neuer Rezeptideen sowie viele internationale Köstlichkeiten.

Nudeln
Von M. Szwillus
ISBN: 3-8068-**4944**-7

In diesem Buch finden Sie neben raffinierten Neukreationen auch die beliebtesten internationalen Nudelspezialitäten.

Englische Landhausküche
Von D. Watkins, J. Watkins
ISBN: 3-8068-**4981**-1

Very British! Hier finden Sie alles, was die englische Landhausküche an Köstlichkeiten zu bieten hat.

Amerikanische Küche
Von C. Stevenson Jr., P. Niebergall
ISBN: 3-8068-**7308**-9

Vom traditionellen Frühstück, legendären Sandwich bis zum beliebten Barbecue enthält dieses Buch köstliche Rezeptideen und typische Gerichte zu den verschiedenen Regionen Amerikas.

Ich koche für mich
Von A. Ilies
ISBN: 3-8068-**4943**-9

Sie wollen sich auch mal verwöhnen? Mit diesem opulenten Kochbuch wird das „Dinner for one" zum puren Genuss.

Salate
Von U. Bültjer
ISBN: 3-8068-**4982**-X

Ob als Vorspeise, Beilage oder komplette Hauptmahlzeit – Salate sind ungemein vielseitig und auf der ganzen Welt beliebt. Dieses Buch hält für jeden Geschmack und jeden Anlass das richtige Rezept bereit.

Raclette und heißer Stein
Von M. Gutta
ISBN: 3-8068-**4946**-3

Gäste zu bewirten macht Freude – vor allem dann, wenn alle zusammen am Tisch ihre Köstlichkeiten selbst kochen können. In diesem Buch finden Sie alles, was Sie für das „kulinarische Gesellschaftsspiel" bei Tisch benötigen.

FALKEN

Stand der Preise 1.1.1998 · Änderungen vorbehalten

Mutter und Kind

Mein Kind ist krank – so hilft die Natur
Von Dr. med. H. Wachtl,
160 S., 101 Farbfotos,
gebunden
ISBN: 3-8068-**4761**-4
Preis: DM 39,90

Von der Familienplanung bis zum Schulbeginn reicht die Themenpalette dieser Ratgeberreihe für Eltern und solche, die es werden wollen. Schwerpunkte sind Schwangerschaft und Geburt, Pflege, Entwicklung und Erziehung.

Weitere FALKEN ElternRatgeber:

1254-3	Ich bekomme ein Baby
4884-X	Das erste Jahr mit dem Baby
0531-8	Das Babybuch
1034-6	Babyfitness
1612-3	Mein Baby entdeckt die Welt
4953-6	Was Dein Kind Dir sagen will
1874-6	Das Geschwisterchen kommt
1875-4	Ein Kind bekommen nach 35
7316-X	Wenn Kinder krank werden
1614-X	Mein Kind muß ins Krankenhaus
1773-1	Bach-Blüten für mein Kind
1646-8	Mein Kind hat Neurodermitis
1613-1	Keine Angst vor Trotzköpfen
1615-8	Das hyperaktive Kind
1423-6	Schwangerschaftsgymnastik und Geburtsvorbereitung
1651-4	Yoga während der Schwangerschaft
1470-8	Rückbildungsgymnastik

Die Kunst des Stillens
Von Prof. Dr. med. E. Schmidt,
S. Brunn, 110 S.,
6 s/w-Fotos, 11 Zeichnungen,
kartoniert
ISBN: 3-635-**60084**-9
Preis: DM 12,90

Durch Stillen können Sie Ihr Kind gesund und natürlich ernähren. Dieser kompetente Ratgeber gibt praktische Anleitungen und Gesundheitstipps für werdende und bereits stillende Mütter.

Unsere schönsten Vornamen
Von A. F. W. Weigel, 144 S.,
45 s/w-Zeichnungen, kartoniert
ISBN: 3-635-**60372**-4
Preis: DM 14,90

Der Ratgeber hilft Ihnen bei der Auswahl der schönsten Namen für Ihr Baby und gibt Tipps, worauf bei der Namenswahl zu achten ist. Außerdem erhalten Sie Informationen über den Ursprung und Bedeutung der Namen sowie fremdsprachige Namensformen.

Rückbildungsgymnastik
Von H. Höfler, 112 S.,
97 s/w-Fotos, kartoniert
ISBN: 3-635-**60062**-8
Preis: DM 12,90

Was geschieht im Körper der Mütter in den ersten Wochen nach der Geburt? Dieses Buch gibt Antwort auf diese Frage und das abwechslungsreiche Übungsprogramm zeigt, wie jede Frau durch eine gezielte Gymnastik die Rückbildungsprozesse ihres Körpers fördern kann.

FALKEN TaschenBuch

FALKEN

Eine Auswahl aus dem Verlagsprogramm

RAT UND WISSEN

Bewerbung

Bewerbungsstrategien
1027-3, von Dr. W. Reichel, 128 S., kart.
DM 14,90

Initiativbewerbungen
2107-0, von Dr. W. Reichel, 128 S., kart.
DM 16,90

Legale Bewerbungstricks
60325-2, von V. S. Rottmann, 96 S., kart.
DM 12,90

Lebenslauf und Bewerbung
60007-5, von H. Friedrich, 112 S., kart.
DM 12,90

Bewerbung um einen Ausbildungsplatz
1936-X, von P.-J. Schneider, M. Zindel, 112 S., kart.
DM 16,90

Bewerbungserfolg trotz schwacher Zeugnisse
60157-8, von A. Schieberle, 136 S., kart.
DM 14,90

Testtrainer Einstellungstests
4999-4, von Dr. W. Reichel, 136 S., geb.
DM 15,–
(limitierter Sonderpreis)

Vorstellungsgespräche
60012-1, von H. Friedrich, 144 S., kart.
DM 11,90

Arbeitszeugnisse
1444-9, von A. Nasemann, 136 S., kart.
DM 16,90

Rechtsratgeber für Arbeitnehmer
60258-2, von U. Teschke-Bährle, 160 S., kart.
DM 16,90

Beruf/Karriere

Selbstständigkeit und freie Mitarbeit
1891-6, von T. Hammer, Dr. W. Kiefl, 144 S., kart.
DM 19,90

Erfolgreiche Existenzgründung
60285-X, von N. Rentrop, 192 S., kart.
DM 19,90

FALKEN Reihe: FALKEN & PITMAN MANAGEMENT
Ausstattung: zwischen 184 S. und 248 S., Broschur
Preis: **DM 39,90**
4972-2 Die ersten 100 Tage als Chef
4973-0 Erfolgreiches Zeitmanagement
4976-5 Richtig delegieren
4971-4 Erfolgreiche Verhandlungstaktiken
4975-7 Die perfekte Präsentation

4974-9 Meetings erfolgreich steuern
7331-3 Marketing – eine Einführung
7329-[illegible] Erfolgreich im Management
7330-5 Basiswissen für Führungskräfte
7328-3 Mitarbeitermotivation durch Empowerment
7362-3 Das souveräne Verhandlungsgespräch
7361-5 Erfolgsgeheimnis Teambildung

Lernhilfen/Schule

Erfolgreich im Beruf mit NLP
60288-4, von K. Grochowiak, S. Haag, 104 S., kart.
DM 12,90

Handbuch Mathematik
4964-1, von W. Scholl, R. Drews, 848 S., geb.
DM 69,90

Englische Grammatik
7341-0, von E. Henrichs-Kleinen, 288 S., geb.
DM 39,90

Gedächtnistraining mit Eselsbrücken
60060-1, von W. Ettig, 96 S., kart.
DM 12,90

Buchführung leicht gefaßt
60091-1, von H. R. Pohl, 104 S., kart.
DM 12,90

Schreiben lernen mit Schreibmaschine und PC
60055-5, von O. Fonfara, 112 S., kart.
DM 9,90

Kostenrechnung leicht gemacht
4826-2, von D. Machenheimer, 240 S., geb.
DM 39,90

FALKEN Reihe: Schülerhilfe
Ausstattung: zwischen 64 S. und 172 S., kartoniert
Preis: zwischen **DM 14,90** und **DM 29,90**
1834-7 Die neue deutsche Rechtschreibung
1890-9 Deutsche Grammatik
1783-9 Aufsatz
1623-9 Bruchrechnen
1569-0 Geometrie

1709-X Prozent- und Zinsrechnung
1570-4 Gleichungen und Ungleichungen

Stand der Preise 01.03.1998 · Änderungen vorbehalten / *unverbindliche Preisempfehlung

1888-6 Wurzeln und Potenzen
1624-7 English Pronouns
1574-7 English Tenses
1784-7 If-Clauses & Co.

Recht/Wirtschaft/ Steuern

Was kostet mein Recht?
60234-5, von J. Mosler, 104 S., kart.
DM 12,90

Recht für Mieter
1932-7, von M. Gaida, 304 S., kart.
DM 29,90

Der FALKEN Bauherren-Ratgeber
4888-2, von W. Jung, B. W. Klöckner, 352 S., kart.
DM 39,90

Ihr Recht als Vermieter
60243-4, von R. Richter, P. J. Schneider, A. Pollert, 208 S., kart.
DM 16,90

Eheverträge
60037-7, von T. Münster, 226 S., kart.
DM 19,90

Erziehungsgeld, Mutterschutz, Erziehungsurlaub
60014-8, von J. Grönert, 192 S., kart.
DM 19,90

Scheidung und Unterhalt
60015-6, von T. Drewes, 220 S., kart.
DM 19,90

Gesetzliche und private Altersvorsorge
1847-9, von D. Rehahn, H. A. Reichel, W. Schöttler, 192 S., kart.
DM 24,90

Wie hoch wird meine Rente?
60209-9, von K. Möcks, A. Schmitt, 160 S., kart.
DM 16,90

Erbschaftsteuer aktuell
60324-4, von W. Ludwig, 128 S., kart.
DM 14,90

Testament und Erbschaft
2111-9, von T. Drewes, R. Hollender, 296 S., englische Broschur
DM 29,90

Vermögensbildung mit Immobilien
1712-X, von W. Schwanfelder, 144 S., kart.
DM 24,90

Erfolg mit Aktien
1663-8, von A.-S. Rühle, 128 S., kart.
DM 16,90

Keine Angst vor dem Finanzamt
60064-4, von H. Vogt, 132 S., kart.
DM 16,90

Korrespondenz und Rhetorik

Der neue Briefsteller
60002-6, von I. Wolter-Rosendorf, 130 S., kart.
DM 12,90

Briefe und Reden für den Trauerfall
1789-8, von U. Wetter, 112 S., kart.
DM 16,90

Modernes Redetraining
1575-5, von Prof. Dr. R. Brehler, 120 S., kart.
DM 19,90

Körpersprache
60096-2, von H. Rückle, 96 S., kart.
DM 12,90

Reden für Familienfeiern
60281-7, von G. Kurz, 112 S., kart.
DM 12,90

Lebensstil und Umgangsformen

Kreative Wohnideen
4889-0, von T. Eichhorn, 128 S., geb.
DM 39,90

Farbberatung für die Wohnung
4743-6, von G. Watermann, 128 S., geb.
DM 49,90

300 neue Frisuren
7359-3, von S. Ehlers, 128 S., geb.
DM 29,90

Krawatten
7319-4, von F. Chaille, 180 S., geb., mit Schutzumschlag
DM 89,90

Tücher und Schals perfekt binden
1898-3, von E. Weber-Lorkowski, 48 S., kart.
DM 14,90

Umgangsformen heute
4876-9, von H.-G. Schnitzer, 256 S., geb.
DM 29,90

Der gute Ton im Privatleben
60097-0, von R. Bartels, 104 S., kart.
DM 12,90

Feste feiern

Das große FALKEN-Buch zur Märchenhochzeit
7360-7, von A. Körner, C. Ziegler, ca. 224 S., geb.
ersch. Juni 1998
ca. DM 49,90

Hochzeitsfeste mitgestalten
1790-1, von A. Wilke, B. Haß 104 S., kart.
DM 19,90

Tischdekorationen für die Hochzeit
1825-8, von H. Grob, A. Henseler u.a., 64 S., kart.
DM 19,90

Blumenschmuck für das Brautpaar
4881-5, von H. Grob, A. Henseler u.a., 80 S., geb.
DM 29,90

Neue Hochzeitsreden
60158-6, von S. Harland 112 S., kart.
DM 12,90

Feste feiern
4825-4, von C. Kast, 128 S., geb.
DM 39,90

Die neue Glückwunschfibel
60031-8, von R. Christian-Hildebrandt, 106 S., kart.
DM 9,90

Astrologie/Esoterik

Kinderhoroskop
60242-6, von W. Noé, 152 S., kart.
DM 14,90

ISBN-Bestandteil: 3-8068- / bei Buchnummern, die mit der Ziffer 6 beginnen, lautet der ISBN-Bestandteil: 3-635-

Liebes-Horoskop
60297-3, von W. Noé,
128 S., kart.
DM 12,90

Chinesisches Horoskop
60006-7, von G. Haddenbach, 86 S., kart.
DM 9,90

Das Indianische Horoskop
60294-9, von W. Noé,
128 S., kart.
DM 14,90

Wahrsagetechniken
60373-2, von G. Haddenbach, 144 S., kart.
DM 14,90

I Ging
60253-1, von R. Sorrell,
A. M. Sorrell,
224 S., kart.
DM 19,90

Reiki
60247-7, von B. Glaser,
U. Vogt, 128 S., kart.
DM 14,90

Traumdeutung
60045-8, von G. Haddenbach, 172 S., kart.
DM 12,90

UFOs über Deutschland
60319-8, von M. Hesemann
208 S., kart.
DM 19,90

Geheimlehren
60236-1, von N. Drury,
G. Tillet, 144 S., kart.
DM 16,90

Schutzengel
60333-3, von T. Keller,
D. Taylor, 144 S., kart.
DM 16,90

Auto/Führerschein

Der neue Verwarn- und Bußgeldkatalog
60292-2, von F. Littek,
126 S., kart.
DM 12,90

Der Test-Knacker bei Führerscheinverlust
2113-5, von T. Rieh,
128 S., kart.
DM 19,90

Prüfungsfragen und Prüfungsbogen für den Führerschein Kl. 3
1490-2, 104 S., kart.
DM 19,90

Trennkost

Trennkost für 1 Person
4851-3, von U. Summ,
112 S., geb.
DM 29,90

Trennkost leichtgemacht für Berufstätige
4890-4, von U. Summ,
128 S., geb.
DM 29,90

Das große Buch der Trennkost
4498-4, von U. Summ,
128 S., geb.
DM 29,90

Das Beste aus Ursula Summs Trennkost-Küche
4985-4, von U. Summ,
160 S., geb.
DM 29,90

Trennkost aus ärztlicher Sicht
60259-0, von Dr. med.
T.-M. Heintze, 84 S., kart.
DM 12,90

Erfolgreich schlank durch die Trennkost-6-Wochen-Kur
1968-8, von U. Summ,
104 S., kart.
DM 19,90

Die aktuelle Trennkost-Tabelle
1871-1, von U. Summ,
80 S., Flexcover
DM 14,90

Länderküche

Provence
7365-8, von U. Skadow,
S. Dickhaut, 224 S., geb.,
mit Schutzumschlag
DM 49,90

Italienische Küche
4830-0, von M. Kaltenbach,
R. Simeone, 224 S., geb.,
mit Schutzumschlag
DM 49,90

Chinesische Küche
7304-6, von H. Fu-Lung,
224 S., geb.,
mit Schutzumschlag
DM 49,90

Thailand
4945-5, von B. Aepli,
128 S., geb.,
mit Schutzumschlag
DM 34,90

Indien
7370-4, von S. Dhawan,
128 S., geb.,
mit Schutzumschlag
DM 39,90

Englische Landhausküche
4981-1, von D. Watkins,
J. J. Watkins, 128 S., geb.,
mit Schutzumschlag
DM 39,90

Amerikanische Küche
7308-9, von C. Stevenson Jr.,
P. Niebergall, 128 S., geb.,
mit Schutzumschlag
DM 39,90

Kochen

Unsere Kochschule
4959-5, von M. Kaltenbach,
F. W. Ehlert, 306 S., geb.
DM 25,–
(limitierter Sonderpreis)

FALKEN Reihe: Rezepte! Rezepte!! Rezepte!!!
Ausstattung: 96 S., kart.
Preis: **DM 16,90**
1937-8 Krabben, Garnelen & Co.
1994-7 Chili, Peperoni & Co.
1944-0 Pastinaken, Kürbis & Co.

1941-6 Pizza, Quiche und Tarte
1939-4 Feta, Mozzarella & Co.
1940-8 American Cookies

FALKEN Reihe: ErlebnisKüche
Ausstattung: 128 S., geb.,
mit Schutzumschlag
Preis: **DM 34,90**
4944-7 Nudeln
4946-3 Raclette und heißer Stein
7315-1 Fondues
4984-6 Aufläufe und Gratins
4982-X Salate

Johann Lafer kocht – Neue Rezepte
7306-2, von Johann Lafer, 160 S., geb.
DM 39,90

Iß und trink und liebe
7303-8, von K. Ottenbach, 72 S., geb., mit Schutzumschlag
DM 49,90

Preiswert kochen
60025-3, von E. Fuhrmann, 136 S., kart.
DM 12,90

Vegetarische Gerichte aus aller Welt
4977-3, von A. Ilies, 224 S., geb., mit Schutzumschlag
DM 49,90

Rezepte mit Joghurt, Kefir & Co.
60068-7, von G. Volz, 104 S., kart.
DM 12,90

Vollwertküche für Genießer
4815-7, von Prof. Dr. C. Leitzmann, H. Million, 256 S., geb.
DM 39,90

Das essen Kinder gern
4978-1, von A. Brenner, 128 S., geb.
DM 29,90

Gerichte für Diabetiker
60033-4, von M. Oehlrich, 108 S., kart.
DM 12,90

Cholesterinarm kochen und genießen
4442-9, von R. Unsorg, 168 S., geb.
DM 49,90

Fettarm kochen – Abnehmen mit Genuß
4866-1, von G. Hölz, H. Million, 128 S., geb.
DM 39,90

Getränke

FALKEN Mixbuch
4733-9, Hrsg.: P. Bohrmann, 560 S., geb.
DM 39,90

Weinlexikon
4942-0, von Dr. H. Ambrosi, 384 S., geb.
DM 39,90

Meine Lieblingsweine
7364-X, von M. Broadbent, 224 S., geb., mit Schutzumschlag
DM 89,-

Wein richtig genießen lernen
4809-2, von H. Ambrosi, I. Swoboda, 128 S., geb.
DM 29,90

Mein Hobby Wein
7309-7, von R. Kriesi, 128 S., geb.
DM 34,90

Was Weinfreunde wissen wollen
7342-9, von Prof. Dr. K. Röder u.a., 192 S., geb.
DM 29,90

ElternRatgeber

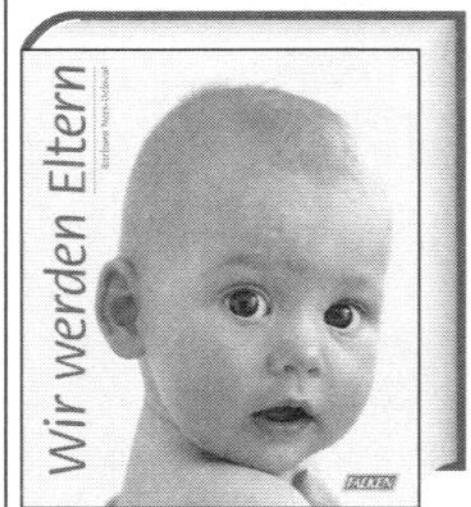

Wir werden Eltern
7353-4, von B. Nees-Delaval, 416 S., geb.
DM 39,90

Die schönsten Vornamen
4755-X, von Dr. D. Voorgang, 200 S., geb.
DM 19,90

Die Kunst des Stillens
60084-9, von Prof. Dr. med. E. Schmidt, S. Brunn, 110 S., kart.
DM 12,90

Das erste Jahr mit dem Baby
4884-X, von Dr. med. M. Weber, 144 S., geb.
DM 39,90

Wenn Kinder krank werden
7316-X, von B. Nees-Delaval, 240 S., geb.
DM 39,90

Mein Kind ist krank, so hilft die Natur
4761-4, von Dr. med. H. Wachtl, 160 S., geb.
DM 39,90

Menschen und Gesundheit

Heilpflanzen
4954-4, von A. Eckart, Dr. G. Eckert, 176 S., geb.
DM 39,90

Blütentherapie nach Dr. Bach
60019-9, von I. Wenzel, 96 S., kart.
DM 9,90

Traditionelle Chinesische Medizin
60312-0, von Dr. med. C. Kunkel, 118 S., kart.
DM 14,90

Chinesische Fünf-Elemente-Ernährung
68005-2, von Dr. med. C. Kunkel, 144 S., kart.
DM 29,90

Allergien
60057-1, von G. Leibold, 100 S., kart.
DM 12,90

Neurodermitis
1649-2, von Prof. Dr. med. phil. S. Borelli, Prof. Dr. med. J. Rakoski, 136 S., kart.
DM 24,90

Schuppenflechte
1467-8, von Prof. Dr. med. phil. S. Borelli, Prof. Dr. med. R. Engst, 102 S., kart.
DM 19,90

Teebaumöl
1878-9, von S. Poth, Prof. Dr. J. Reichling, 96 S., kart.
DM 19,90

Natürlich entgiften mit der Öl-Zieh-Kur
60391-0, von I. Hammelmann, 88 S., kart.
DM 10,90

Die sagenhafte Heilkraft der Papaya
60396-1, von H. Tietze, 80 S., kart.
DM 12,90

ISBN-Bestandteil: 3-8068- / bei Buchnummern, die mit der Ziffer 6 beginnen, lautet der ISBN-Bestandteil: 3-635-

Heilen und Vorbeugen mit Wein
60311-2, von Dr. med. F.-A. Graf von Ingelheim, I. Swoboda, 96 S., kart.
DM 14,90

Grapefruitkern-Extrakt für Gesundheit und Kosmetik
60379-1, von R. Knoller, 80 S., kart.
DM 12,90

Rheuma
60040-7, von Prof. Dr. med. K. Gräfenstein, 108 S., kart.
DM 14,90

Gymnastik für die Halswirbelsäule
1610-7, von J. Engelmann, 96 S., kart.
DM 19,90

Streß bewältigen durch Entspannung
60070-9, von Dr. med. Ch. Schenk, 122 S., kart.
DM 14,90

Positives Denken und Entspannungstechniken
60305-8, von Dr. med. C. Schenk, 112 S., kart.
DM 12,90

Augentraining
1616-6, von M. Gollub, Hrsg.: K. Haak, 96 S., kart.
DM 24,90

Massage
60038-5, von K. Schutt, 78 S., kart.
DM 12,90

Akupressur
1231-4, von F. T. Lie, 192 S., kart.
DM 29,90

Fußsohlenmassage
60036-9, von G. Leibold, 96 S., kart.
DM 11,90

Yoga
60093-8, von U. Thomsen, 104 S., kart.
DM 12,90

Sport

FALKEN Lexikon für Pferdefreunde
7352-5, von G. Wöckener, 320 S., geb., mit Schutzumschlag
ersch. Mai 1998
DM 69,90

FALKEN Reihe: Ratgeber für Reiter
Ausstattung: zwischen 128 S. und 176 S., geb. oder kart.
Preis: zwischen **DM 29,90** und **DM 39,90**
4797-5 Ich will reiten lernen
4845-9 Junge Pferde selbst ausbilden
4871-8 Reiten für Einsteiger
4716-9 Reiten auf Gangpferden
4949-8 Wie verstehe ich mein Pferd?

Golf. Die frühen Jahre
7339-9, von D. Concannon, 144 S., geb., mit Schutzumschlag
DM 69,90

Der Schwung
4784-3, von O. Heuler, 128 S., geb.
DM 29,90

Fehler & Korrekturen
4872-6, von O. Heuler, 144 S., geb.
DM 39,90

FALKEN Reihe: Sportregeln
Ausstattung: zwischen 96 S. und 128 S., kart.
Preis: zwischen **DM 16,90** und **DM 24,90**
1676-X Basketball
1674-3 Pool-Billard
2135-6 Fußball
1754-5 Eishockey
1755-3 Tennis
1807-X Badminton

Tauchen
4955-2, von S. Müßig, 128 S., geb.
DM 39,90

Tennistraining mit System
4878-5, von A. Ferrauti, P. Maier, K. Weber, 192 S., geb.
DM 49,90

Billard
1313-2, von Dr. H. Stingl, 112 S., kart.
DM 29,90

Aggressive In-Line-Skating
1836-3, von U. Sauter u.a., 96 S., kart.
DM 24,90

Snowboarding
1860-6, von A. Hebbel-Seeger, 112 S., kart.
DM 29,90

Angeln
60080-6, von E. Bondick, 80 S., kart.
DM 12,90

Tanzen
4948-X, von P. Wolff, 192 S., geb.
DM 49,90

Fitness/Gymnastik

Fitness-Boxen
1671-9, von F. Kürzel, P. Wastl, 96 S., kart.
DM 24,90

Fit mit Ayurveda
60260-4, von J. Douillard, 208 S., kart.
DM 19,90

Stretching
60085-7, von E. Kleila, 64 S., kart.
DM 9,90

Muskeltraining zu Hause
60100-4, von A. Balk, 128 S., kart.
DM 14,90

Kampfsport

Aikido
2120-8, von R. Brand, 280 S., kart.
DM 24,90

Judo
0305-6, von M. Ohgo, 206 S., kart.
DM 24,90

Karate Grundlagen
1863-0, von E. Karamitsos, B. Pejcic, 144 S., kart.
DM 29,90

25 Shotokan-Katas
2125-7, von A. Pflüger, 88 S., kart.
DM 24,90

Bruce Lee – Sein Leben und Kampf
0392-7, von L. Lee, 136 S., kart.
DM 24,90

DO IT YOURSELF U. TECHNIK · KREATIVES GESTALTEN · SPIELE U. DENKSPORT

Bruce Lees Kampfstil 1
0473-7, von B. Lee,
M. Uyehara, 112 S., kart.
DM 9,90

Bruce Lees Kampfstil 2
0486-9, von B. Lee,
M. Uyehara, 128 S., kart.
DM 12,90

Dynamische Tritte
1683-2, von G. Chung,
C. Rothrock, 128 S., kart.
DM 16,90

Taekwondo
0347-1, von K. Gil,
152 S., kart.
DM 16,90

Ninja
1161-X, von A. Adams,
192 S., kart.
DM 19,90

Heimwerken/Technik

FALKEN Reihe: Do it yourself
Ausstattung: zwischen 80 S., und 104 S., kart.
Preis: **DM 19,90**
1665-4 Reparaturen in Haus und Garten
1159-8 Betonieren, Mauern, Fliesen
1857-6 Bäder ausbauen und modernisieren

1118-0 Sanitärinstallationen
1799-5 Fliesen legen
1855-X Tapezieren und Streichen
1841-X Dachausbau
1995-5 Innenausbau mit System
1859-2 Elektroarbeiten
1716-2 Sicherheit an der Haustür

Heimwerken
4983-8, von T. Pochert,
416 S., geb.
DM 49,90

Foto/Video

Moderne Fotopraxis
7310-0, von G. Koshofer,
Prof. H. Wedewardt,
240 S., geb.
DM 49,90

Zeichnen und Malen

Kreativ zeichnen
4688-X, von B. Bagnall,
176 S., geb.
DM 39,90

Aquarellmalerei
4529-8, von Prof. W. Wrisch,
136 S., geb.
DM 39,90

Kalligraphie
1044-3, von I. Schade,
80 S., kart.
DM 19,90

Airbrush
1133-4, von C. M. Mette,
80 S., kart.
DM 19,90

Seidenmalerei

Lexikon der Seidenmalerei
4737-1, von K. Huber,
208 S., geb.
DM 49,90

Aquarellieren auf Seide
4842-4, von Shahida,
112 S., geb.
DM 39,90

Einführung in die Seidenmalerei
0611-X, von R. Henge,
88 S., kart.
DM 19,90

Malen auf Seide
4941-2, von C. Köhl,
Shahida, 112 S., geb.
DM 29,90

Verschiedene Techniken

Alles aus Wellpappe
1430-9, von I. Kasperek,
64 S., kart.
DM 19,90

Landhausstil
7332-1, 128 S., geb.
DM 34,90

Artischockentechnik
1682-4, von M. von Perbandt, K. Teuber,
64 S., kart.
DM 19,90

Patchwork und Quilt
4803-3, von I. Kahmann u.a., 112 S., geb.
DM 29,90

Nähen
4709-6, von S. von Rudzinski,
176 S., geb.
DM 39,90

Perfekt Stricken
4821-1, von H. Jaacks,
224 S., geb.
DM 39,90

Töpfern ohne Scheibe
0896-1, von A. Riedinger,
80 S., kart.
DM 19,90

Dekorieren und Gestalten mit Naturmaterialien
4748-7, von E. Dommershausen u.a., 128 S., geb.
DM 29,90

Stempeln
1823-1, von E. Metz,
P. Läpple, 80 S., kart.
DM 19,90

Freundschaftsbänder
1720-0, von A. Neeb,
E. Walch u.a., 64 S., kart.
DM 19,90

Bücher, Alben, Schachteln selbermachen
4772-X, von P. Baumgartner,
96 S., geb.
DM 29,90

Geldgeschenke und Geschenkgutscheine
1684-0, von S. Haenitsch-Weiß, 64 S., kart.
DM 19,90

Spiele/Denksport

Bridge für Einsteiger
1691-3, von B. Ludewig,
104 S., kart.
DM 16,90

Doppelkopf
1828-2, von U. Vohland,
96 S., kart.
DM 16,90

Kartenspiele
7333-X, von M. Mala,
176 S., geb.
DM 29,90

Backgammon für Einsteiger
1690-5, von M. B. Fischer,
E. Heyken, 104 S., kart.
DM 16,90

ISBN-Bestandteil: 3-8068- / bei Buchnummern, die mit der Ziffer 6 beginnen, lautet der ISBN-Bestandteil: 3-635-

SPIELE UND DENKSPORT · FALKEN FÜR KINDER · GARTEN · TIERE

Patiencen
60020-2, von I. Wolter-Rosendorf, 112 S., kart.
DM 12,90

Poker
60225-6, von C. D. Grupp, 112 S., kart.
DM 12,90

Schach für Einsteiger
1724-3, von E. Heyken, 120 S., kart.
DM 19,90

Spielideen für Partys
1725-1, von E. und H. Bücken, 88 S., kart.
DM 16,90

111 Spielideen, das Gedächtnis zu trainieren
1829-0, von T. Werneck, 96 S., kart.
DM 16,90

Knobeleien und Denksportaufgaben
60099-7, von K. Rechberger, 100 S., kart.
DM 12,90

Ratgeber für Kinder

FALKEN Reihe: Ratgeber für Kinder
Ausstattung: zwischen 48 S., und 64 S., geb.
Preis: **DM 19,90**
4897-1 Mein Mutmachbuch
4898-X Mein Krankenhausbuch
4896-3 Mein erstes Pferdebuch

7337-2 Mein erstes Reitbuch
4991-9 Mein Kochbuch
4990-0 Mein Ballettbuch
4900-5 Mein Fußballbuch
4938-2 Mein Fahrradbuch
7335-6 Mein erstes Inline-Skating-Buch
4894-7 Mein Katzenbuch
4939-0 Mein Hundebuch
4993-5 Mein Hamsterbuch
7324-0 Mein Wellensittichbuch
7338-0 Mein Meerschweinchenbuch
4992-7 Wenn meine Eltern sich trennen

Kinderbeschäftigung

Das neue Bastelbuch für Kinder
4893-9, von U. Barff, I. Burkhardt, J. Maier, 208 S., geb.
DM 39,90

Basteln mit Pappe und Papier
4843-2, Hrsg.: U. Barff, 112 S., geb.
DM 29,90

Schminken und Verkleiden
4773-8, von W. Stelzenhammer, Hrsg.: U. Barff, 128 S., geb.
DM 29,90

Spielen mit einfachen Sachen
4994-3, von A.-G. Patz, D. Patz, 112 S., geb.
DM 29,90

Tanz-, Kreis- und Bewegungsspiele
7343-7, von A.-G. und D. Patz, 112 S., geb.
DM 29,90

Spiele für Kleinkinder
60022-9, von D. Kellermann, 104 S., kart.
DM 12,90

Kinderleichte Kochrezepte für kleine Leute
4850-5, von K. Müller-Urban, 128 S., geb.
DM 19,90

Garten

Die große FALKEN Gartenschule
7354-2, von J. Breschke u. a., 560 S., geb., mit Schutzumschlag
DM 79,90

FALKEN Gartenjahr
7355-0, von K. Greiner, A. Weber, P. Michaeli-Achmühle, 320 S., geb.
DM 39,90

100 englische Gärten
4885-8, von P. Taylor, 216 S., geb., mit Schutzumschlag
DM 79,–

Bauerngärten
4786-X, von U. Krüger, 128 S., geb.
DM 39,90

Naturgärten
4967-6, von J. Korz, 240 S., geb.
DM 69,90

Gartengestaltung mit Phantasie
7318-6, von K. Greiner, Dr. A. Weber, 208 S., geb., mit Schutzumschlag
DM 79,90

Blumen, Stauden, Ziergehölze
4753-3, von K. Greiner, Dr. A. Weber, 384 S., geb.
DM 69,90

FALKEN Lexikon Gartenteich
4778-9, von I. Polaschek, A. Fischer-Nagel, 216 S., geb.
DM 49,90

Grüner wohnen
4886-6, von U. Krüger, 144 S., geb., mit Schutzumschlag
DM 49,90

Tiere

Katzen auf natürliche Weise heilen
7314-3, von Dr. med. vet. C. Möller, 128 S., geb.
DM 29,90

Richtige Katzenernährung
1869-X, von H. Wenzel, 96 S., kart.
DM 16,90

Wellensittiche
1813-4 von H. Bielfeld 96 S., kart.
DM 16,90

Alles über Kanarienvögel
0901-1, von H. Schnoor, 64 S., kart.
DM 14,90

Zwergkaninchen
1680-8, von M. Mettler, 96 S., kart.
DM 16,90

Zwerg- und Goldhamster
1734-0, von M. Mettler, 96 S., kart.
DM 16,90

Meerschweinchen
1812-6, von M. Mettler, 96 S., kart.
DM 16,90

Das Süßwasseraquarium
4752-5, von Dr. med. vet. J. Etscheidt, 224 S., geb.
DM 49,90

Terrarium
7313-5, von W. Ullrich, 128 S., geb.
DM 29,90

FALKEN Reihe: Hundebibliothek
Ausstattung: zwischen 80 S. und 112 S., kartoniert
Preis: zwischen **DM 14,90** und **DM 19,90**

Stand der Preise 01.03.1998 · Änderungen vorbehalten / *unverbindliche Preisempfehlung

TIERE · REISEVIDEO

1757-X Dalmatiner
1756-1 Dackel
1677-8 Labrador, Retriever
1644-1 Neufundländer und Landseer
1596-8 Boxer
1513-5 Schäferhunde
1514-3 West Highland White Terrier
1808-8 Setter
1866-5 Siberian Husky
1809-6 Hovawart
1990-4 Tibet Terrier
1811-8 Foxterrier
1512-7 Streuner und Tierheimhunde
1604-2 Hundekrankheiten erkennen und behandeln
1991-2 Mit dem Hund in den Urlaub
1810-X Rechtsratgeber für Hundehalter

Das neue Hundebuch
60079-2, von W. Busak, 124 S., kart.
DM 14,90

Erfolgreiche Hundeerziehung
4808-4, von U. Birr, 144 S., geb.
DM 29,90

Reisevideo

FALKEN Reihe: Reisevideos
Ausstattung: VHS, ca. 60 Min. Laufzeit, in Farbe
Preis: **DM 39,95***

FALKEN hat Reisevideos zu über 70 Urlaubszielen in aller Welt von **A** bis **Z**

6249-4 Amsterdam

6226-5 Neuseeland

6206-0 Zypern

ISBN-Bestandteil: 3-8068- / bei Buchnummern, die mit der Ziffer 6 beginnen, lautet der ISBN-Bestandteil: 3-635-

BESTELLSCHEIN

Hiermit bestelle ich aus dem Programm der Verlagsgruppe FALKEN, Postfach 11 20, D-65521 Niedernhausen, **durch die Buchhandlung:**

Falls durch besondere Umstände Preisänderungen notwendig werden, erfolgt Auftragserledigung zu dem bei der Lieferung gültigen Preis.
(Soweit gesetzlich nicht anders vorgesehen, ist der Erfüllungsort und Gerichtsstand der jeweilige Sitz der Lieferfirma).

Anzahl	Bestell-Nr.:	Titel	Einzelpreis	Gesamtpreis
			Summe	

zzgl. Porto- und Versandkosten

Name: ____________________ Straße: ____________________

Ort: ____________________

Datum: ____________________ Unterschrift: ____________________
(Bei Jugendlichen der gesetzliche Vertreter)

FTB-VV F '98

Werbemittel-Nr. 99143

FALKEN

Der Spezialist für nützliche Bücher und Videos